経営のイロハをDX化する
「開発しないシステム」導入のポイント

パッケージで、管理業務を早く・安く改善

公認会計士
広川 敬祐〔編著〕

公立はこだて未来大学 教授
大場みち子〔監修〕

株式会社NTTデータ経営研究所
木村 俊一〔監修〕

板井 実／緒方 瑛利／髙橋 昌太郎／倉本 真司／東 義弘
秋元 隆／渡辺 康雄／植木 貴三／上條 英樹〔著〕

中央経済社

はじめに

　私は大学 3 年で公認会計士試験（2次）に合格した後，大学在学中から外資系監査法人に勤務し始め，約10年の監査法人勤務の経験を経て1994年にSAPジャパン株式会社に入社した。

　今やSAPは有名となったが，その頃のSAPジャパンは社員が100名程度のいわばベンチャー企業で，私はIT革命の前兆を彷彿させる日々を過ごした。

　その頃，日本の大手総合商社が米国の会計基準と日本の会計基準に対応できる会計システムがないものかと模索しており，英語で記載されたパンフレットをみせた時に驚きの反応をされたことを今でも覚えている。その頃の日本では，米国の会計基準で財務諸表を作成している会社が数十社あり，日米の会計基準の違いによって利益が異なるのは投資家の判断を誤らせると，当時の大蔵省（現金融庁）は，日本の会計基準でも財務諸表を公表することを求めていた。

　今でもIFRS（国際財務報告基準）と日本基準という複数会計基準でのディスクローズに難儀しているが，その頃の日本で米国基準と日本基準に対応することはあり得ない状況であった。にもかかわらず，SAPは大手総合商社の要請を受け入れ，日米両国の会計基準に対応する会計システムの構築を成功に導き，以降，20年以上にわたりそのシステムは運用されていった。

　私は，そのシステム構築にSAPジャパンの担当者として関わった。なぜ，SAPは複数会計基準に対応するシステムをパンフレットに印刷していたのか，それはSAPがドイツの会社だからであり，ヨーロッパでは当時から，法律が違う，制度が違う，通貨が違う，言語が違う，いわゆる多様性（ダイバーシティ）への対応が当たり前で日常茶飯事のことだったからである。

　日米両国の会計基準対応という，一部の大企業の話題を提供してしまったが，これは「日本の常識は世界の非常識」という一例を紹介したかったからである。私たちは日常あることが世界の常識だと思ってしまう。たしかに日常あること

i

は日本の常識であるかもしれないが，その日本の常識は世界の非常識である場合がある。「車は道路の左側を通行する」「飲食店で無料のお茶やお水が出てくる」「ホテルの料金は1部屋当たりでなく1人当たり」，例を出せば結構ある。

　この日本の常識が世界の非常識であること，それはSAPのようなパッケージやクラウドサービスに対して，追加開発（アドオン）を施すことも然りである。私はSAPジャパンに在籍していた時にドイツ人と直接仕事をする機会に恵まれたが，日本でSAPで業務に携わる人が追加開発を施すことが不思議でならない。しかし，その追加開発を施す人々は，それが常識的な行為であり，要件を満たす機能がパッケージにない限り追加開発を施すのは至極普通なこと，と勘違いしている。

　SAPのものに限らず，ソフトウェアパッケージに追加開発することはやむなしと思う風潮がある。それがわかってか「わが社のシステム開発は追加開発をしないものとする！」と，システム開発と追加開発の違いがわからぬ曖昧な方針を打ち出すが，追加開発は一向に減っていない。

　本書はシステム開発自体を否定するものではない。何を否定しているかというと，パッケージ導入に関する不要な追加開発を否定するものである。そう思いつつも，なぜ追加開発が発生してしまうのか，それによってシステム構築が失敗してしまうのか，その原因を明かし，そのことによって失敗を撲滅し，システム導入を成功に導きたい，それが本書の執筆動機である。

　本書が提唱する「開発しないシステム」，特に管理部門（財務・経理・人事）においてパッケージ導入をする際に「開発しないシステム」を実現することによって，多くのシステム対応成功事例が誕生することを願ってやまない。

2021年2月

著者を代表して

広川敬祐

推薦のことば

　コロナ禍による経営環境の激変を経てポスト・コロナのニューノーマルに向かう今，日本企業の経営者の多くは，デイスラプション（破壊的イノベーション）を変革の機会と捉え，機動的な経営戦略の立案と実行により柔軟性とレジリエンスを兼ね備えた経営の実現に取り組んでいます。

　経営の変革者は，デジタルが業務の効率性を高めるためのツールに留まらず，差別化をはかり，収益を高める原動力となる可能性を秘めていることを認識しています。経済がグローバル化した現代にあって1企業グループのバリューチェーンを超えサプライチェーン全体を俯瞰した，システムが企業運営に必要不可欠な存在になってきました。

　このような状況下，本書は問いかけます。「デジタル化のメリット享受のため企業が独自にシステム開発をする場合，必要なリソースを調達できるのか？」，「そのシステムの完成には長い期間を要し，完成時期には新たな環境変化が生まれているのではないか？」，「独自に開発したシステムを企業グループ内外のステークホルダーと共有できるのか？」等々。

　このような本質的で重要な疑問に，本書は「独自の開発よりもグローバルで通用するツールを利用する経営判断」の合理性を納得できるように教えてくれます。

　本書は，こうした背景をよく熟慮され，企業がデジタル化を実行していく上での多くの示唆を与えてくれるものです。

2021年2月10日

株式会社CFOサポート　代表取締役社長兼CEO

東京都立大学大学院 経営学研究科 特任教授

元・日本電産　取締役専務執行役員 最高財務責任者

吉松　加雄

推薦のことば

　2020年はコロナ禍に明け暮れた年になってしまいました。多くの企業で在宅勤務を余儀なくされ，ハンコを押すために出社する必要がないように政府が脱ハンコを推進する時代となりました。

　こうしたことはコロナによってもたらされたのでしょうか？

　テレワークやペーパーレスはコロナに関係なく働き方改革等で言われ続けていたことです。ただし，こうしたことは "nice to have"（あれば良い）という感覚であったことから，nice to have ≒ やらなくてもよい ≒ 改革しない，となっただけで，コロナによって "must" とせざるを得ない状況に追い込まれたというのが実情ではないでしょうか。

　改革できる時にしなかったというツケは，コロナ禍によって様々な歪みをもたらしました。その歪みをコロナのせいにしている風潮もありますが，本質的には，不作為（なすべき時にしなかった）の結果の表れではないかと思います。

　DX（デジタルトランスフォーメーション）が提唱されて数年以上が経過しています。不作為によって企業がDXの恩恵を得ないことは，もったいないことと思います。

　"改革待ったなし" の時代になりました。企業が持続的に成長していくためにも，企業のデジタル化を推進していくためにも本書を推薦いたします。

2021年 2 月10日

ジャパンSAPユーザーグループ　常任理事　経営管理部会 部会長
KNT-CTホールディングス株式会社 常務執行役員社長室長

泉川　邦充

目　　次

第3章
開発しないシステムの導入のポイント

第4章
開発しない会計システム

第5章
══════ 開発しない人事管理システム ══════

第6章
テレワーク時代のシステム

第7章
グループ経営管理とガバナンス

第8章
本番稼働準備とメンテナンス

第9章
開発しないシステムの効果とコスト

SAPジャパン
【特別寄稿】

第 **1** 章

パッケージソフト導入の
失敗事例とその原因

　「自社独自の情報システムはコストがかかり，開発・運用するための人がいない」と，近年はパッケージソフトを導入する企業が増えている。ただし，パッケージソフトの導入（以下「パッケージ導入」ともいう）は必ずしも成功には至っておらず，IT関連の専門誌で，次のような記事を見かけることが多い。

　『「導入の費用は十数億円，期間は５年かかった外資系ERP（統合基幹業務システム）パッケージソフトが結局，稼働しなかった。あるいは稼働したもののバージョンアップもままならず，導入当時と変わらずほぼ会計ソフトとしか利用されていない——。』（日経XTECH「20年来の謎が解けた，日本企業のERP導入が軒並み失敗した本当の原因」（2019年7月，https://xtech.nikkei.com/atcl/nxt/column/18/00138/072300335/））。

　パッケージソフトを導入する場合，多くの会社は「自社の業務をパッケージ機能に合わせればよい」という大方針で検討をし始めるが，現場から「そのままでは業務が回らない」との抵抗にあうことが多く，その結果として，パッケージソフトに機能を追加し，それが原因となって，コスト増，納期遅れ，品質低下となる。
　第１章では，パッケージソフト導入の失敗事例とその原因を説明する。

1 システム導入における失敗

（1）「動かないコンピュータ」で示されること

① 情報システム関連トラブルの根本原因

　「動かないコンピュータ」という情報システム関連トラブルを紹介するコラムが『日経コンピュータ』（日経BP社）という専門誌に掲載されている。この専門誌は，情報システムの企画，開発，運用に関わる何らかの失敗事例や，ビジネスの分析，要件定義の工夫，プロジェクトマネジメント，運用改善の解説を40年近くにわたって報じているものである。

　その専門誌で「『動かないコンピュータ』裁判を読み解く」（2016年10月13日号）との特集を報じ，こうした問題の根本原因は，経営者が情報システムやITに関わる諸々を社内の情報システム部門や社外のIT企業に任せたままにし，導入プロジェクトの要所で的確な判断が下せず，その結果として「動かないコンピュータ」が発生するとしている。

　つまり，情報システム関連トラブルの根本原因は「経営者が情報システムを丸投げしていること」にあるとしている。

② ITに莫大な価値が潜んでいることがわからないのは損

　ソフトウェアは目に見えず，専門領域も多く，わかりにくくて，関わりにくいものである。工場を建てる，物流拠点を設ける，新たな営業地域に進出する，というような事象には自ら足を運ぶものだが，目に見えぬ情報システムを相手にするのは，経営者にとっては苦手のようである。

　特に日本の経営者は，ITのことはよくわからないから専門家に任せているという人が多い。そして，コンピュータやソフトウェアそれ自体に産業や経済

を一変させる力があるという認識が足りず損をしている。今こそ，**コンピュータやソフトウェアが人に多大な影響を与え，新しい莫大な価値を生み出している**ことの意識を高めてみる必要があると思うがどうだろうか。

（2）経営の一大事はIT活用

どんな経営者も，売上，利益，時価総額を伸ばしたいと思っている。しかし，そのための**有効な手段であるITを活用**することを**敬遠**している。そして，経営者がITに関わらないため，新たな「動かないコンピュータ」が誕生する。この悪の連鎖を断ち切らねばならない。

なぜ経営者はITに関わらないのだろうか。それはITに関することを理解できないからである。いや，理解しようとしないのである。カタカナや英略語は何を言っているかわからない，どこから聞けばよいのかもわからない，このような状況であれば関わりようもなく，意見も言えない。そして思うことは「金がかかるな，もう少し安くならないのか」だけとなってしまう。そこには経営者への報告の仕方，コミュニケーションにも問題がある。

コミュニケーションに関わる問題は大きく2つに分けられる。1つは，システムの提供側の言っていることが発注側（経営者）に伝わらず，失敗の兆候が発生しているのに次の工程に進んでしまうことである。もう1つは，発注側（経営者）が理想とするシステムが提供側に伝わらないことである。

後者の問題は，どんなシステムを作りたいのか，そのシステムを使って何がしたいのかという【目的】がない，伝わらない，あるいは勘違いをし誤って伝わっている，ということである。目的が正しく認識されない作業に成功はあり得ない。

システム導入に限らず，物事には「発注者責任」があるが，何をしたいのか，どんな課題を克服したいのかがわからないまま，専門家にお金を出せば何かやってくれる，そのお金はなるべく安いほうがよいという無責任さが，結局自分たちに返ってくるということを，経営者は理解しておくべきである。

ここに情報システム関連の最大の失敗原因があり，すなわち，**経営者不在の体制で物事を進め，目的を見失い，IT手段の実現**にだけ奔走することが失敗の根本原因であると言ってよい。

　この原因が解決されない限り，前記（1）の『日経コンピュータ』の連載「**動かないコンピュータ**」は，50年，いや，永遠に続いていくことであろう。

2　パッケージソフトに関わる係争事例

（1）裁判にまで発展するトラブル例

　人の心理として失敗は言いたくなく，失敗が表面化することは少ない。また，失敗の噂などがあっても実態とは違っていたり，誇張されたりもする。

　ただし，大きなトラブルになって発注側と受注側の言い分が違い，経済的にも大きな影響を及ぼすことになると裁判にまで発展する。裁判になると判決文が公表されるので，専門誌等でも報じることが多くなり，実際に起こったトラブルの内容を把握しやすくなる。例えば，「**動かないコンピュータ　システム裁判編**」では，次の事例を紹介している（https://xtech.nikkei.com/atcl/nxt/cpbook/18/00002/）。

- ・日本IBM全面敗訴の深層　「議事録」が決め手に
- ・基幹システム再構築プロジェクトが失敗　責任を巡りベンダーとの係争続く
- ・物流管理システム刷新に失敗　38億円の賠償求めベンダー提訴
- ・海外製パッケージ導入に失敗　33億円のIT訴訟に発展
- ・基幹系の再構築が破綻　ベンダーを訴え，現在係争中
- ・給与システム構築を断念しベンダーを訴える　仕様とパッケージの差を埋め切れず
- ・基幹システム再構築が頓挫　あいまいな契約で責任が不明に　構築費用の支

払い求め富士通が提訴
・IBM製パッケージを利用した新勘定系の全面刷新を延期　要件定義が遅れ情報系の部分稼働に方針変更か

　用語の補足をするが，"ベンダー"は"業者"の意味であり，"パッケージ"とは市販されているソフトウェアのことである。「市販されている」との言葉からは家電量販店で販売されている年賀状ソフト，画像編集ソフト，ワープロソフト，表計算ソフトを連想するが，ERP（Enterprise Resource Planningの略で，販売や会計，人事などの業務システムを一元化したもの）製品やクラウドサービスなどもパッケージに含まれる。本書は，特にこのパッケージの導入・運用・保守について述べていくものとしている。

（2）パッケージ導入で裁判になった事例

　ここで，実際に係争事件にまで発展した事例を紹介する。システム化の背景は，現行の基幹系システムの診断を依頼されたコンサルティング会社が，現行システムを大幅に刷新しない場合には全社業務変革の阻害要因になるとの報告書を提出し，その報告書に，その解決策はシステム刷新による業務改革として，ERPパッケージの導入を勧めたことにある。プロジェクトが発足し，次のように推移していく。

【プロジェクトの発足から裁判までの経緯】

X年4月	コンサルティング会社が，現行システムが全社業務改革の阻害要因になるとの報告書を提出
X年8月	新システム構築プロジェクトの立ち上げ
X+1年2月	ERPパッケージのカスタマイズ導入を決定し，設計開発をコンサルティング会社が受注する
X+1年12月	要件定義を納品する（作業期間：10カ月）
X+2年9月	基本設計を納品する（作業期間：9カ月）

X+3年5月	詳細設計，開発，テストを納品する（作業期間：8カ月）
X+3年5月	受入テスト/データ移行/ユーザー研修を開始すると，**膨大な不具合，障害が発生する**
X+4年1月	新システムの本番移行を断念
X+4年11月	システム開発の請負代金数十億円の返還を求めてコンサルティング会社を提訴，コンサルティング会社は未払金数億円の支払を求めて反訴

　ここで紹介した例は実際の裁判を元にしたものだが，この事案は和解したため，詳細な経緯や裁判所の判断などは明らかになっていない。しかし，他社でも同様の話があり，このストーリーに違和感はない。

　パッケージ導入において，トラブル（システム導入の失敗）となってしまう場合の共通点は次の事項である。

---

① **導入期間と金額**
　基幹システムというシステム化対象範囲は，販売管理や会計管理等の企業にとって不可欠な業務システムと推察することができ，その導入期間と金額が「数年・億円単位」になっていること
② **システム導入の手順**
　要件定義，設計，開発，テスト，移行，研修との手順を経ていること
③ **システム刷新の方針**
　業務改革を行うためにERPパッケージの導入を検討し，その**パッケージにアドオン**（追加開発，詳細は後述）**をすることを前提**とし，プロジェクト発足当初から設計・開発という作業が起こることを見込んでいること
④ **問題の発覚時期**
　受入テスト/データ移行/ユーザー研修を開始すると不具合が発覚すること

　これらの共通点に対する留意事項には，次のことが挙げられる。

・パッケージに機能を追加（アドオン）することを許容していること
・システム導入の構築方針，作業手順が同じであること

> ・問題が発覚するまで成功するものと思い込んで作業を進めてきたこと

　どのようなシステム導入でも，最初から失敗しようとの想いで作業を進めていることはない。しかし，**同じような作業手順で同じように失敗していく事例が多発**しているので，その原因を明かして解決法を見出すことには意義があるはずである。

3　失敗のキーワードはアドオン

（1）動かないコンピュータで分析する訴訟トラブル

　前記1（1）で紹介した「『動かないコンピュータ』裁判を読み解く」では，発注側（ユーザー企業）と受注側（IT業者）が争った11の訴訟トラブルを次のように分類している。

> ①　追加開発に関わるトラブル：8件（70％超）
> ②　パッケージ導入問題：6件（50％超）
> ③　データ移行に関わるトラブル：4件（40％弱）

　昨今，「持たざるIT」をキーワードにクラウドやERPといわれるパッケージを活用するシステム導入手法が増えている。
　その場合の多くの導入企業が，**システム化構想書やキックオフ時では「自社の業務をパッケージに合わせる」**という大方針でプロジェクトを始めると謳い，作業が進むにつれ，現場の担当者から**「これまでのやり方と異なり，業務が回らなくなる」**というパッケージ導入への抵抗が強まり，挙句の果てにはパッ

ケージの機能を活用せず，これまでの業務の進め方に戻って「追加開発」を実施するようになり，これが原因となって，費用が予算を上回る，本稼働時期が遅れる，正常に作動しない，といった失敗へと発展していく。

（2）アドオン（追加開発，カスタマイズ）とは

　先に述べたように，システム導入を安く済ませようとパッケージを使う方針としたが，**追加開発によって費用が膨れ上がり，結果的には不具合が発生して裁判沙汰になることや，本稼働の遅れやシステム導入の中断に至る場合がある。**
　この追加開発は，アドオンと言ったりカスタマイズと言ったりする。
　アドオンは，パッケージに新しい機能を追加することで「機能拡張」ともいえる。アドオンはパッケージの基本機能を元に，自社が必要と判断する機能を自社で独自に開発して追加することを意味する。
　一方，カスタマイズはパッケージを導入する際に，会社に合う形へ「変更」「修正」することを意味する。パッケージの中にはユーザーの用途に合わせる設定を行うことをカスタマイズと称する製品があったり，「変更」ということがパッケージのプログラムを変えてしまうという意味も含まれ，後者の場合はカスタマイズというよりモディフィケーション（改造）とも称される。

【モディフィケーション，カスタマイズ，アドオン】

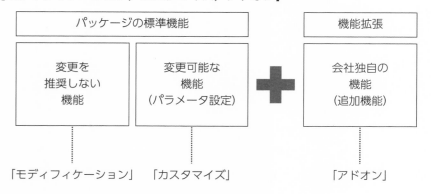

　本書では，追加開発のことを "アドオン" と称する。社会の環境変化は著しく，新しいIT技術が矢継ぎ早に登場してくる。それに対応していくため新たな機能を追加していくことは必要なことであり，機能拡張を否定するものではない。

　ここで大切なことは，アドオンは「自社が必要と判断する機能を自社で独自に開発して追加すること」であり，このことを再確認したい。一方で，パッケージは1つの会社だけに必要な機能を製品化するのではなく，複数の会社が必要とする機能を製品化するので，その販売はビジネスとして成り立つ。

　アドオンする場合，自社で独自に開発せざるを得ない機能であるのか，自社が必要と判断したプロセスは正しかったのか，ここを顧みる必要がある。つまり，不要なアドオンをわざわざ作ってしまい，それが原因となって，**コスト増**や**本稼働遅延**，さらには**システム導入中断**に陥ってしまうようにならないか，それを検証する必要がある。

4　正しいと思っている工程が失敗の入口

（1）コンサルティング会社が原因でアドオンが増える事例

①　お抱えのコンサルティング会社の言いなりになる

　A社では20年ぶりに基幹業務システムを見直すこととなり，持たざるITをキーワードにクラウド型ERPを導入することになった。導入にあっては，導入企業の「お抱えのコンサルティング会社」が貼りつく体制でプロジェクトがスタートした。

　そのプロジェクトは，クラウド型ERPを提供しているソフトウェア・ベンダーが提供する導入方法にしたがって推進されていたが，途中から「お抱えの

コンサルティング会社」から進め方に関するクレームが入り，進め方が変更された。その言い分は「クラウド型ERPを提供するソフトウェア・ベンダーの導入方法論で進めると要件漏れが発生してしまい，使えないシステムができ上がってしまう。今後は，我々の会社が品質を高めるために長年のノウハウを集約して作った我々の導入方法論を元に推進していきたい」というものであった。

② コンサルティング会社推奨の導入方法論に変えて予算の4倍に

そのコンサルティング会社が提供する導入方法論は，長年培ってきた従来開発型のシステム導入の考え方に依拠してでき上がってきたもので，ERPパッケージと実現したい要求とのギャップを洗い出すことに優れた方法論とツールで構成されており，ギャップが発生した場合の対処はアドオンとするものであった。

その進言のせいか，3カ月で終了するはずの要件定義に1年もかけることとなってしまい，1年かけてでき上がった要件定義書となったパワーポイントのスライドは膨大な数となり，ERPと自社要求とのギャップはエクセルで数千行に及んだ。また，起こしたギャップの開発の優先順位づけはお抱えのコンサルティング会社がすべて「開発必須」と判断した後，経営者に巧みにその内容のプレゼンを実施した結果，その対応に当初の導入予算の4倍もの金額が必要になる羽目になった。

③ 本稼働後の運用コストも減らなかった

さらには，これらの膨大な要件定義書を管理するために，新たにファイル管理ツールが必要となり，管理工数が膨らみ，お抱えのコンサルティング会社の要員も比例して膨らんでいった。

その後，設計・開発・テストフェーズは，お抱えのコンサルティング会社のオフショア部隊（海外）が関わることとなり，本番稼働後もそのままBPO（ビジネス・プロセス・アウトソーシング）サービスとして引き受けることで，A社はお抱えのコンサルティング会社に「完全ロックイン」（業者から離れられ

ない）されることとなった。

　A社はクラウド型ERPを導入することで，導入コストを４倍にまで膨らませて見た目は持たざるITを実現したように見えたが，結局は，削減されたハードウェアの運用費や保守要員の人件費は，お抱えのコンサルティング会社のBPOサービスの費用に転換されただけで，本稼働後の運用費総額は何も変わらない結果となった。

＊　＊　＊

　日本のITベンダーのサービス提供価格のほとんどが技術者の投入工数に基づく積算を行っている。その仕組みでは，ITベンダーは売上を伸ばそうと技術者の工数を増やそうとする。

　この事例は，稼働コストが当初予算の４倍にもなり，この商慣習の典型例ともいえる。これをもって失敗と言わなければ何を失敗と言うのであろうか。

（2）従来開発型のシステム導入の考え方を踏襲する事例

①　ウォーターフォール型と呼ばれる開発方法

　先に従来開発型のシステム導入の考え方を紹介した。これは，ウォーターフォール型と呼ばれ，システムの導入手順を「構想策定」「要件定義」「設計」「開発（プログラミング）」「テスト」という工程に分け，段階的に進めていく方法である。各工程の終了要件を確認し，前の工程に戻らない，いわゆる手戻りを防止することから，滝の流れにたとえ下流から上流へは戻らないことを意味してウォーターフォール（滝）型と呼ばれている。

②　日本の多くのシステム導入はウォーターフォール型を採用

　システム導入の方法論を説明すれば多大なページを要してしまうので割愛するが，日本の多くのシステム導入はウォーターフォール型の導入方法論を採用している。

【ウォーターフォール型】

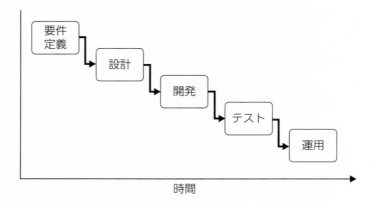

ウォーターフォール型は，元々土木や建築，プラントなどの巨大な工事を正しく進めるために生み出された方法である。その後，1960年代頃より大型コンピュータで動作するソフトウェアの開発が大規模・高価になり，失敗しないための手法としてソフトウェア開発にも適用されるようになった。

ウォーターフォール型の弱点は，プロジェクト期間が長いため，当初の要件定義の内容が本稼働時期に陳腐化するおそれがあり，テスト段階で要件漏れ等が発覚した場合，結果的に手戻りが生じ多大な損害をもたらすリスクがあることである。

この弱点を防ぐため，欧米では**アジャイル型（"すばやい"という意味で，反復（イテレーション）と呼ばれる短い開発期間単位を繰り返していく開発手法）**等の新たな開発手法を採用する例が増えているが，日本企業では新しいものを採り入れることを毛嫌いすることや，失敗しないことを優先したいことから，**ウォーターフォール型のシステム導入の考え方をぬぐい切れていない。いや，この考え方が最良であると思い込んでいる人が多い。**

③　**要件定義，設計，開発，という開発ありきのシステム**

前記2（1）（2）で述べたに裁判沙汰になった失敗例で，「要件定義，設計，

開発，テスト」という工程が共通にあることを紹介した。つまり，**多くのシステム導入で「設計・開発」の工程を経ていく。それは開発を必要としないパッケージを導入するシステム導入でも同じである。**そこに矛盾はないのか。

　パッケージ導入であるのに，なぜ「設計・開発」という工程があるのか。これ**がコスト増，失敗の誘因となる１丁目１番地の原因**といってよい。作る必要もないものをわざわざ作ってしまう。前記４（１）で紹介した**お抱えのコンサルティング会社の進め方による失敗**もこれに該当する。

【開発ありきのシステム】

基本構想　＞　要件定義　＞　設計・開発・テスト　＞　ユーザー受入テスト（UAT）・移行　＞

（3）大日程に「設計・開発」があるのは失敗の大兆候

　システム導入の大日程に「設計・開発」が組み込まれていることがパッケージ導入における失敗の大兆候であるとは思わないであろう。なぜなら，それがこれまで慣れ親しんでいる進め方だからである。ここで気をつけていただきたいのは，開発することを前提とするシステム構築の進め方に慣れ親しんでいるだけであって，**これはパッケージ導入における理想的な進め方でないこと**である。

　「設計・開発」が工程からなくならないのは，従来型の延長としてとらえるだけでなく，ユーザー企業から言われたことに対して，新たな業務の進め方やシステムが有するソリューションの提案ができず，請負的な思考で「言われたものを作ります」「そのための予算はこれだけかかりますが，よろしいですか」と，ベンダーが受け身の姿勢になっていることもある。

　システム導入契約は，責任と予算を確定させる意味で「請負」であるが，この場合の請負は**「ウケマケ」**と読むほうがよい。

（4）Ｖ字モデル

　また，Ｖ字モデルと言われる，ソフトウェアの開発〜テスト〜本稼働までの一連の流れと作業工程の対応関係を表した有名なモデルがある。

　このＶ字モデルの左半分は，システム開発プロジェクトでよく用いられるウォーターフォール型の開発工程である。このように，設計，開発，テスト，との工程の流れを見ても何の違和感もなく，むしろ，当たり前のように納得する。いずれにせよ，「設計」「開発」との工程を示す以上，何らかの開発があるだろう，と開発することの計画を立てるのは当然となる。しかし，繰り返し述べるが，**パッケージ導入においては開発を前提にする必要はない。**

　このＶ字モデルによる「基本設計」から「システムテスト」までの期間の目安（例：半年，１年，１年半など）を提示すると，システムの規模によって異なり，誤解を与える可能性があるが，システム導入工程に占める期間割合の目

【Ｖ字モデル】

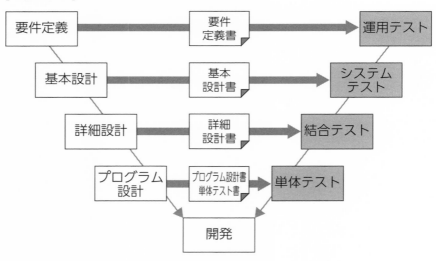

安は示すことができる。すなわち，「基本設計」から「システムテスト」まで
は控えめに言っても全体の７割以上を占めると断言できる。残りの３割未満は，
最初の要件定義と，本稼働準備のユーザーテスト，移行，教育である。

　システムを開発しないのであれば「設計」「プログラミング」「単体テスト」
「結合テスト」「システムテスト」，これらの工程がなくなり，代わりにパッ
ケージを利用するための作業が発生したとしても，全体工数の半分以上は削減
できることになる。

（5）開発することを想定するからアドオンをしてしまう

　なぜ開発をしてしまうのか。それは開発することを想定しているからである。
開発するための予算がある，そのための期間を予定している，アドオンは御法
度と言われてもうちではアドオンせずにシステム導入することは無理だろうと
内心思っているからである。

　そもそも開発することを想定しなければ，アドオンをすることはあり得ない。

　経営者がアドオンはしないとの方針を語ったとしても，業務をパッケージに
合わせようとキックオフで宣言したとしても，大日程に「設計・開発」工程が
あることは，それらと矛盾している。開発することはやむを得ないものと，あ
らかじめ日程にあるから開発する羽目になるのである。

　本来的には，**開発するシステム**と**パッケージ利用のシステム**には，システム
導入の違いがあるはずである。しかし，多くのシステム導入事例がパッケージ
利用のシステムであっても，開発するシステムと同じ手順を経ていき，これが
原因となって失敗（予想外の支出，納期遅れ，品質低下）となっている。

　本書は，**開発するシステム**と**パッケージ利用のシステム**の導入手順の違いや，
パッケージ利用のシステムの特長を生かすためのものであるが，次章以降でそ
の内容を説明する。

第 2 章

ここが違う
「開発しないシステム」の導入手順

　第1章ではパッケージ導入の失敗事例と原因について述べた。

　システム導入（あえて，"システム開発"との表現は使用していない）が失敗してしまうのは要件定義に問題があり，要件定義をしっかり行っていくべきだと多くの人が考えている。

　そのこと自体に異論を唱えるつもりはないが，その多くの人は要件定義の目的を「開発することを漏れなく正確に確定させるため」と認識している。パッケージ導入では開発する必要がないはずなのに，開発することを決めるために要件定義を行うことに矛盾が生じている。

　第2章は，パッケージ利用のシステム導入手順と従来型（開発を伴うシステム導入）との違いを説明する。本来，パッケージは開発するためのツールでなく，そのまま利用するためのものであるが，「本当はスクラッチ開発をしたいのだけれど，ゼロから開発するのは大変だから，パッケージを採用し，パッケージで代用できる機能は活用し，足りない面を開発で補おう」との思考が失敗につながっていく。

　第2章では，パッケージを利用する場合のシステム導入手順の「べき論」を従来型との違いを踏まえて説明する。

1 要件定義がカギとの通説

（1）要件定義の重要性

① 要件定義の目的

　要件定義は，システムに実装したい機能や性能を明確にするものであり，システム導入を成功させる重要な工程であると言われている。

　従来のウォーターフォール型では，この工程で開発することを明確にし，次工程以降の要員やコストを正確に算定し，手戻りがないようにする。この場合，要件定義の目的は，「設計・開発工程以降の要員やコストにブレを起こさない」「設計・開発工程で手戻りを発生させないため」にあると考える。つまり，次工程の「設計・開発」のために要件定義があるとの認識がある。

② 要件定義では5W1Hを漏れなくまとめようとする

　要件定義で何かが抜けていたり，曖昧な表現のままだったりすると，後になって失敗しかねないので，5W1H＜When（いつ），Where（どこで），Who（誰が），What（何を），Why（なぜ），How（どのように）＞を漏れなく決めていくことが要件定義と多くの人が考え，システム導入において，まず，どんなシステムにしたいのかをしっかり決めるべきだと考えてしまう。

③ スクラッチ開発における要件定義

　システム導入の方法は，**スクラッチ開発**かパッケージ利用かに大別される。スクラッチとは「最初から」「ゼロから」という意味でもあり，システム構築に既存のパッケージを使用せず，独自システムを開発することを「スクラッチ開発」と表現している。

【要件定義の5W1H】

　要件定義とは，ソフトウェアや情報システムの開発において，必要とされる
性能や実装すべき機能などを定義すること（デジタル大辞泉）である。
別の言い方をすれば，システム化する機能の5W1Hを明確にすることである。

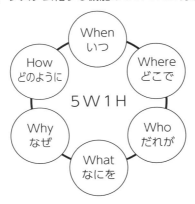

　スクラッチ開発の場合は，5W1Hをしっかり決めることが必要である。でな
いと，設計・開発工程でブレが生じたり，手戻りが発生してしまう。

（2）パッケージ導入における要件定義

　パッケージ導入において，どんなシステムにしたいのかという**5W1Hをあ
らかじめ決める必要はあるのか。端的に結論を言えばNO**である。極論すれば，
要件定義が不要の場合もある。ただし，多くの人がスクラッチ開発とパッケー
ジ導入で要件定義の進め方を変えるべきとの主張に気づいておらず，いきなり
結論を述べても戸惑われる方もいらっしゃるだろう。
　スクラッチ開発における要件定義の目的は，次工程である「設計・開発」の
ためにあるが，パッケージ導入にあっては「設計・開発」はあってはならない。
まずはこの違いを認識していただきたいが，スクラッチ開発とパッケージ導入
の違いを洋服にたとえて説明する。

① オーダーメードと既製品

洋服には，オーダーメードと既製品があり，スクラッチ開発はオーダーメード，パッケージは既製品にたとえることができる。両者の違いを説明する。

（ⅰ）オーダーメード

オーダーメードの場合は，採寸，生地選び，襟の形やボタン，といった仕様を決める。このプロセスはまさに要件定義といえる。仕様が決定したら，製作工程の仮縫い，本縫いへと進むが，これも手戻りを発生させないためのウォーターフォール型の開発手法における工程と酷似している。

（ⅱ）既製品

既製品の場合は，ウエストや首回りなどの主要な採寸を行った後，好みを満たす服があるかを探す。そして，気に入ったものがあれば試着し，フィットすれば買う。裾直しなどを行うこともあるが，修正を必要としなければすぐに着ることもできる。

自分では想定していなかったデザインがあったり，自分で気に入らないと思っても，試着すると似合っていると言われることがあったりもする。

（ⅲ）オーダーメードと既製品の違い

価格が違うといえばそうかもしれないが，ほしいと思ってから着ることができるようになるまでのスピードが桁違いに異なる。この違いは，システム導入における要件定義にかける時間の違い（スクラッチ開発か，パッケージ利用か）に似ているといってよい。

② ユーザーは要件をなかなか決められない

人間の習性というのか，ユーザーはほしいものがあっても，どんなものがほしいのかを容易に決めることができない。

システム導入にあっても同じで，このことに多くの人が課題を認識し，決められないユーザーが，どうやったら要件を決めていけるかに難儀している。そのため，コンサルタントがユーザーの代わりになって要件を文書化したり，そ

の文書の内容を後で揉めないようにユーザーに確認をとったりする。実はこの作業に多大な労力とコストをかけている。

　スクラッチ開発の場合は，作るものを決めなければ先に進むことができず，この**文書化と確認作業は必須**といえるのだが，パッケージ導入の場合にこの作業は必要なのだろうか。既製品を買う場合に，どんな服が必要とあらかじめ決めておかないといけないものだろうか。

　ここにスクラッチ開発とパッケージ導入の要件定義の違いがある。パッケージ導入の場合は，どんな服がほしいとあらかじめ決めていなくても，店内を歩き回ったり，ネットで探したりして，自分のほしいものを決めていく。そこではオーダーメードのように，採寸の記録や生地の選定などの仕様を定める必要はない。つまり，**要件の文書化と確認作業をあらかじめ行う必要はない**のである。

③　ほしいものは決めておく必要がある

　要件をあらかじめ決める必要はないといっても，ほしいもの（スーツ，コート，スラックス等）はあらかじめ決めておく必要がある。ほしいものは**要求**と称し，次節で詳しく述べるが，要求が決まっていないと服を探しようもない。

　システムでいえば，要求はシステム化対象といえる。会計業務，人事業務のどれをシステム化したいのか，会計業務や人事業務の中でも，請求管理や決算書作成，労務管理や給与計算，といったレベルの内容である。

④　ほしいと思っていなくても買ってしまうものがある

　私たちの生活では，ほしいと思っていなくても買ってしまうものがある。システムでも経費管理や名刺管理のクラウドサービスは，元々そういうものがほしいと思って導入するのではなく，そんなものがあるなら導入してみようとなるのが一般的である。

　これは既製品の特徴である。スーツを買いに行っても，お得と思うコートがあればついでに買ってしまうこともある。衝動買いを勧めるわけではないが，

そもそも既製品を買うことは，あらかじめほしいと思っているものだけを買うことではない。実はここが大切なところで，パッケージ導入では**要求を満たすシステムを構築する**だけでなく，世の中にある有用なソリューションを活用できる可能性がある。

⑤　パッケージ導入における要件定義の特徴

　これまで述べてきたとおり，パッケージ導入においては，**要求を決めておく**必要はあるが，あらかじめ**要件のすべて（5W1H）を決めておく**必要はない。

　ただし，勘違いしないでほしいのは，パッケージ導入でも最終的には要件を決めなければならず，その手順とタイミングに違いがあるということであり，次節以降で説明する。

2 「要件」と「要求」。一文字違いが大違い

（1）少しの違いが大きく違う言葉

　世の中には，ちょっとした言葉の違いでも意味が大きく変わることがある。それが，「合格」と「不合格」のように対局にある言葉であれば違いを理解しやすいが，年金の「確定給付」と「確定拠出」のように，少しの言葉の違いが大きな異なる意味となるものがある。

　この例で言えば，確定給付は「給付額」を先に決定するものに対して，確定拠出は「拠出額（掛金）」を先に決定するものである。前者は，運用がうまくいかなかった場合は，企業が補填するという仕組みであるので，年金破綻が懸念されている。後者は，運用がうまくいけば多額の給付を受けられる反面，うまくいかなかった場合は，給付額が少なくなるというリスクがある。

　他にも少しの違いが大きな違いとなる例を挙げると，消毒用のエタノール

（エチルアルコール）と有害なメタノール（メチルアルコール）がある。両者は似ているが一文字違いが命取りになる。メタノールを吸入，誤飲すると，死亡，失明，腎不全等のおそれがあり，さらには引火性があるので火災のおそれもある。

（2）システム導入における「要件」と「要求」

「要件」と「要求」についても一文字違いであるが，その違いは認識しづらく，それをはき違えて弊害が発生して大違いになるものである。

①　要件定義とは

要件定義は，システムが実装すべき機能や満たすべき性能などを明確にしていく作業のことである。要件定義が曖昧だとシステム構築を失敗してしまうというのが定説で，いわゆる上流工程の大切な作業と認識されている。

この要件定義は，ビジネス要件，業務要件，システム要件，そして非機能要件に分けることができる。ビジネス要件は経営者によるハイレベルのもので，グループ会社すべてで同じシステムを利用したい，生産リードタイムをより短くしたい，というようなものである。業務要件はシステム化の対象となった業務を分析し，システムですべき業務の流れと内容を明らかにするものである。システム要件はシステムが備えるべき機能や動作を定義したもので，入力（画面）・出力（帳票）・処理（プロセス）を決めることである。非機能要件はシステム上決めなければいけない機能面以外の性能やセキュリティのことをいう。

②　要求定義とは

要件定義と似た言葉であるが，要求定義は利用者がシステムに何を求めるかを明確にすることである。また，システムの機能だけでなく，この程度の費用で抑えたい，この時までに本番稼働を迎えたい，保守要員をこれぐらいの人数でまかないたい，というようなことまで広義の要求定義といえる。

③　そもそも要件と要求は紛らわしいもの

　要件はシステムが要求に応えるために実現することであるので，英語では「Must」となろう。要求はシステムの発注者が「〜をしたい」と考えることであり，英語にすると「Want」が適訳となろうか。Mustは実現すべきことで，Wantは希望・要望，となる。

　ところが，要件も要求も英語でRequirementと訳すことができる。このことがすでに混乱していることの顕れでもある。

④　要件定義と要求定義の根本的な違い

　要求定義書は，システムの利用者（ユーザー）側の要望をまとめた文書である。これに対して，要件定義書は，システムを構築する側（多くの場合はベンダーであるが，社内の情報システム部門が対処する場合もある）から見た，ユーザーからの要望，すなわち要求定義に応えるためにシステムの要件をまとめた文書である。

　何が根本的に違うのかというと「主語」が異なる。**要求はユーザー（主語）がシステムに求めているものであり，要件はシステム（主語）が要求に応えるために決めたものである。**

　例えば，「スマホを目覚まし時計代わりに使いたい」ということがあれば，これは要求である。そして，スマホが指定時刻にアラーム音を鳴らす，バイブレーションを駆動する，というのが要件となる。

　哲学的な違いととらえられるかもしれないが，要求が先にあってそれを元に要件を決めるという作業順序がセオリーとなる。ところが，この順序が逆になっていることがある。笑い話のようだが**「頼まれもしないシステムを作ろうとしている」**ことがあるが，それは要求をまとめない状況で要件を決めてしまっているためである。これは利用者不在でシステムを作る場合によく起こる。

⑤　要件定義の中の要求

　要件が5W1Hをまとめることであるならば，要求はどうなるのか。利用者が
ほしいもの（〜したい）を決めることが要求と言われても，具体的にはわかり
にくい。その答えはWhyとWhatであると主張したい。

　Whyは「なぜ？」，すなわち「目的」である。例えば，法改正があったから
対応せねばならない，ヒトを少なくしたい，業務の処理時間を短縮したい，と
いう新システムを構築する目的である。

　Whatは「何」である。会計管理や人事管理のシステム化を行うのか，
○○○という今使用しているシステムの保守切れに対応するのか，手作業で
行っている△△△の業務の自動化を行いたいのか，と「何」をシステム化の対
象とするかを決めることである。

（3）目的と手段をはき違えない

①　目的と手段の違い

　一般的に，目的と手段をはき違えないことは重要であると言われている。

　目的は「最終的に実現したい事柄」であり，手段は「目的を実現するために
行うこと」である。このことを要求と要件に置き換えてみると，要求は目的を
定めることで，要件はその実現手段を含めたものである。

　要求を決めないで要件を決めようとすると現行踏襲に陥ってしまうが，これ
は目的不在の状況で手段を決めてしまうためである。したがって，パッケージ
導入の場合には先に要求（WhyとWhat）を決め，その後に手段も含めた要
件（When，Who，How）を決めていくことが重要になる。

②　要求をまとめるのに御法度なこと

　要求は「〜したい」ことをまとめることであるが，その作業でしてはいけな

いことがある。それは，How（どのように）を要求に含めることである。

　Howはいわば手段である。要求をまとめるために手段を決める必要はない。むしろ，手段を要求に含めてしまうから，次に説明する防音の部屋の例のように，ベンダーからの提案を引き出せない弊害が出てくる。

（4）家づくりにたとえる「要件」と「要求」の違い

①　防音の部屋を作りたい場合の伝え方

　防音の部屋がほしい場合，「わが家には防音仕様が必要」とだけ伝えた場合，業者が考える防音装備と発注側の考えに齟齬が生じ，その結果，過剰な高コストの仕様になることもあれば，逆に不十分にもなりかねない。

　その不安を感じて，発注側が防音のことについて調べ，「防音の壁はこの材質を使って」「窓ガラスはこのメーカーのもので」「カーテンやカーペットは……」というように，発注側が要件を決めてしまうと，その浅知恵に縛られベンダーの工夫・提案を受け入れられないことがある。

　通常，発注側が絶対的に優越的な地位を持っていて，発注側が伝えることに受注側が異議を唱えることは稀である。したがって，発注側がベンダーに要件を伝えてしまうとそれが変わることはない。先に，要求不在で要件を決める弊害を説明したが，本来は要求をベンダーに伝えるべきなのである。

　それでは要求とはどのようなものか。それは，「子どもがピアノを弾くので近所に迷惑をかけたくない」「作曲をするのでミニスタジオが必要」「映画を快適に自宅で遠慮なく観たい」ため，「防音の部屋を作りたい」という内容が要求になる。

②　要件と要求を混同することの弊害

　両者を混同してしまうと，ベンダーの工夫・提案を受けることができなくなることは先に述べたとおりである。

　それだけでなく，発注側が要件をまとめるには相当の時間やスキルを必要とする。時にはそれがないために外部に要件をまとめる作業を委託することがあるが，それに対して，要求をまとめることの時間は少なくて済む。極端に言えば，利用側の責任者が「～をしたい」との要望をまとめるだけでよい。

　要求をまとめることと要件をまとめること，この両者の時間とコストにはどのくらいの差があるかを想像していただきたい。ケースバイケースになるが，時には 5 倍，10 倍，それ以上の差があるとも言える。

　「システム導入を失敗しないためには要件定義をしっかりとやらねばならない」との主張に異論を唱えるつもりは毛頭ない。しかし，パッケージを利用するシステム導入において，製品を選定する前に要件を決めてしまうことは誤りである。これは時間とコストの浪費だけでなく，ベンダーの良さを受け入れることも阻んでしまう，百害あって一利ないことである。

（5）パッケージ導入前には「要件」でなく「要求」をまとめる

　本章の冒頭，パッケージ導入においてあらかじめ要件定義を定めておくことは不要と述べたが，要求をまとめておくことは必要である。

　洋服で言えば，スーツやコートがほしい，ということを決めておく必要はあるが，既製品を買う場合には，どんなデザインの服を買いたいというのはあらかじめ決める必要はなく店に入ってから探せばよい。むしろ，早く決めてしまいすぎると，予想外の良いものに気づかなくなり，より良い気に入ったデザインの服（パッケージ導入の恩恵）を得ることができなくなってしまうおそれがある。

3 業務システムにおける要求のまとめ方

（1）知らず知らずのうちに手段（How）を検討することは御法度

「〜したい」が要求であり，WhyとWhatをまとめればよいといっても，具体的に業務システムの要求を端的にまとめることは容易ではない。

例えば，「業務が終了した後，速やかに○○に連絡する」というルールを定めていたとする。ここでのWhatは「速やかに連絡する」ということであるが，その手段は電話にこだわる必要はない。インターネットでアクセスできる掲示板や，メール，ビジネスチャット，SNS，その状況によって効率のよい早く確実に伝わる方法を見出せばよく，電話というコミュニケーション手段にこだわる必要はない。手段にこだわると，今の業務のやり方が変わることへの抵抗感等によって改革ができずに終わることが多くなる。

① 現状業務からWhyとWhatを抽出する

そうした考えを排除するため，次図のとおり，現状業務をどのように改革していこうと考えていくのでなく，現状を5W1Hに分解してWhyとWhatだけを抽出し，まずはWhyとWhatを実現する手段を考える。

その際，どうすれば，目的・理由（What・Why）を効率的に実現できるか，という最適手段を検討する。その結果として考案される手段（How）はこれまでの手段と変わる可能性があるが，それが改革となっていく。

② 手段の達成が目的と化していくことに注意

社会の中では，多くのケースで「目的」と「手段」をはき違えてしまうことがある。いつしか目的がどこかに消えてしまい，手段が目的にすり替えられ，それに振り回されてしまう。

【現状業務からWhyとWhatを抽出する】

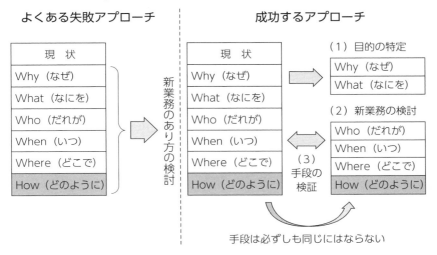

「**手段の目的化**」は知らず知らずのうちに，人の思考回路を侵し，それを回避するためには，日々の仕事に対して，常に「**なぜ**」「**なんのため**」を問い続けるしかない。

（2）要求は自身で決めるもの

そもそも要求は「～したい」「～がほしい」というもので，このことを外注することはコストの無駄使いになるだけでなく，**外注しても成果を得ることができない**。例えば，どこかに旅行したいとして，旅程や宿泊場所などの手配を旅行会社が行うことができても，「何がしたい」（ゆっくりしたい，自然を満喫したい，おいしいものを食べたい，マリンスポーツをしたい等）という想いを決めることは外注することではない。**要求は自身で決めるものである**。

要するに要求定義を外注すること自体が無駄使いなのである。これがコスト増，期間が長くなっている要因になっていることに気づかねばならない。

（3）業務システムでの要求のまとめ方

① 業務内容を体系化する

　要求をまとめる作業は，WhyとWhatをまとめることで，Whatはシステム化の対象となる業務であり，それを一覧化して体系化する，すなわち，業務一覧を作るとわかりやすくなる。

　業務一覧は，ひと言でいえば業務を体系的に上位から下位までまとめ上げるものである。業務一覧を作成する作業をする上での留意点は「**業務を体系的にまとめること**」と「**業務をもれなく洗い出すこと**」であり，このことを実現するために次の2つのアプローチがある。

（ⅰ）トップダウン方式

　対象とする業務範囲を構造的にとらえ，上位レベルから段階的に整理していく。こうして作成されるものは業務体系表とも呼ばれる。

（ⅱ）ボトムアップ方式

　現場の担当者にアンケートやヒアリングをし，実際に行っている業務や作業を列挙していく。その中から共通するものをグループ化してまとめていく。こうして作成されるものは業務棚卸表とも呼ばれる。

　これら2つのアプローチを合わせて漏れがないよう精度を高めていく。その際，業務の体系は大・中・小の3分類の粒度（レベル）に整える。

② 業務の体系化の粒度（レベル）

　この業務を，大・中・小の3分類に整えることを説明する。

　会社内で行っている業務を分類，細分化していく際には，組織体系とその組織で行っている業務に分けるとよい。

　組織の呼称は会社によって異なるが，「本部」「部」「課」という括りを企業組織とすると理解しやすく，これが大分類になる。次に，組織で行っている業

務の集まりをまとめ，これが中分類になる。例えば「営業」という組織の中ではマーケティング，新規顧客開拓，受注活動，見積り提示，出荷指示，といったものである。これらの中には具体的に行う業務までは特定されておらず，それで中分類にとどまる。

　次に業務を説明する。新規顧客開拓という係があれば，そこで行う仕事が業務になり，セミナーを行う，テレアポをとる，飛び込み営業を行う，というのが小分類になる。これよりさらに細分化するとWhatだけでなくHowの領域に入りかねないので，注意を要する。

③　要求を細分化しすぎない

　例えば，セミナーを行う際には，集客をするための宣伝活動があり，その手段としてメルマガを発信する，ダイレクトメールを送る，Web広告を出す，というように細分化される。そこで，メルマガを発信するということでとどまればよいのだが，「○○というツール」を使ってメルマガ……となりかねずツールの善し悪しやこだわりに終始してしまうおそれがある。それだけでなく，「セミナーを行う」ということですら新規顧客開拓の手段でもあり，それ以外にも新規顧客の有効な方法があり得る。

　くどいようだが，要求は細分化してベンダーに伝える必要はない。むしろ，細分化するとベンダーからの提案や工夫の余地を狭めることになってしまう。

　要求をまとめる際には，まず組織を2つ（部・課と係）程度に大別する。経理部門や人事部門でいうなら，経理や人事が大分類であり，決算担当，債権管理担当，債務管理（支払）担当，採用担当，給与計算担当，考課担当，が係に相当する中分類になる。そして，小分類は係で行っている業務を羅列すればよい。この羅列をさらに細かくする必要はない。

④　SCORモデルも参照できる

　SCOR（Supply Chain Operations Reference model）という，米国SCM協議会で開発されたサプライチェーンのプロセスを3段階の階層構造で定義して

いるモデルがある。

　SCORの階層レベルは，組織における職務階層ともほぼ一致しており，レベル1は経営層クラス，レベル2は部長クラス，レベル3は現場マネージャークラスに対応していて，これらが要求一覧に該当する。

　SCORではこのレベル3までをプロセス参照モデルとして提示していて，それより下位の階層（業務プロセス）は企業によってまちまちなので独自に作成するべきというスタンスをとっている。このレベル4以下のプロセスこそ，実際の業務のやり方（手段）であり，システムで実装しているものである。

4 　要求がない要件定義の弊害

（1）要求がない状態でのシステム導入

　要求とはWhyやWhatであるとしたので，要求がないことは目的がない状態である。そんなことはあり得ないと思われるかもしれないが，システム導入の現場でこの状態に遭遇することは多い。つまり，「何がしたいの？」ということがわからないケースである。

　トップが「改革をしていく！」との大方針を打ち立てても，現場はそのことを理解せず，現行業務を変えること自体を次の理由により拒む。

> ・慣れていることを変えたくない
> ・以下の不安が起こる
> 　　　―より時間がかかってしまうのではないか。
> 　　　―より面倒になってしまうのではないか。
> 　　　―今行っている業務ができなくなるのではないか。

　このような理由により，現場では現行業務をそのまま残してほしいことが要求と化してしまう。

（2）要求を確立しないと現行踏襲になる

　現場には，自分たちの業務のやり方は「特殊だから」「他社にはない独自のものだから」パッケージ導入には向かないという意識を持っている人がいる。
　そのような場合こそ，その業務のWhyとWhatを顧みていただきたい。往々にして，その業務のやり方，すなわち，How（手段）にこだわっているケースが多く，要求がないから現行踏襲をしようとなる。
　そのような人には，アインシュタインの「常識とは，18歳までに身につけた偏見のコレクションのことをいう」（ジェリー・メイヤー＝ジョン・P・ホームズ編『アインシュタイン150の言葉』（ディスカヴァー・トゥエンティワン，新装版2019年））との言葉を捧げたい。この言葉は「**自社の常識は世間の非常識**」であることを標榜しているが，日本人が常識と思っていることが世界の非常識でもある次の例を紹介したい。

> ・かつての野球のストライクとボールの表示順序
> ・車の左側通行
> ・日本の世界地図は日本が中心であること
> 　（日本語の世界地図は太平洋が中心で日本列島は真ん中の少し左に示されているが，ヨーロッパで見る世界地図では日本列島は極東で右端に示される）

　世間を見てはじめて自身との違いを認識し，改革をすることができるものである。その意味においてもパッケージという羅針盤と現状業務を対比することは有意義であろう。

（3）現場からの要求だけでは不十分

　現場の意見は尊重しなければならないのだが，複数部門の意見を集約すると矛盾が起こることもあるし，その要求は経営者の意向を踏まえた全体最適とならない場合もある。また，現場からの要求には「漏れ」「過剰」「誤り」が潜んでいる可能性があり，次のような弊害もあるので，それを見抜く力が必要となる。

・通常業務と例外処理を区別しているかどうか
・困っていることしか言っていないだろうか
・都合の悪いことを隠していないだろうか
・過剰な要求が出ていないだろうか

　そのため，現場の意見だけでなく「To-Be（あるべき，理想）業務」を描いておくことが必要であると言われるが，このTo-Be業務を描くことは容易ではない。コンサルタントにTo-Be業務を描くことを依頼しているケースがあるが，その内容は，To-Beというより現状（As-Is）に毛の生えた程度の課題を付けたものを多く見かける。

　そこで，To-Be業務を策定していくより，パッケージが提供する機能を受け入れる，パッケージに合わせて業務を見直していくことがよほど効果的と思えてしまう。

（4）スクラッチ開発とパッケージ導入の要件（要求）の違い

　これまで述べてきたことをまとめる。

　スクラッチ開発であれ，パッケージ導入であれ，ユーザーが何をしたいかを決めていくことは重要である。ここで明記しておきたいのは，「ユーザーが何

【スクラッチ開発とパッケージ導入の要件（要求）の違い】

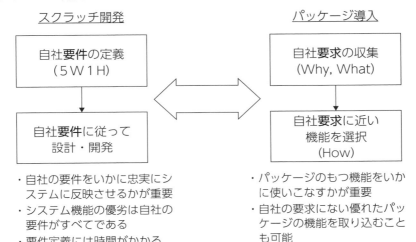

スクラッチ開発

- 自社**要件**の定義
  （５Ｗ１Ｈ）

- 自社**要件**に従って
  設計・開発

・自社の要件をいかに忠実にシ
　ステムに反映させるかが重要
・システム機能の優劣は自社の
　要件がすべてである
・要件定義には時間がかかる

パッケージ導入

- 自社**要求**の収集
  （Why, What）

- 自社**要求**に近い
  機能を選択
  （How）

・パッケージのもつ機能をいか
　に使いこなすかが重要
・自社の要求にない優れたパッ
　ケージの機能を取り込むこと
　も可能

をしたいかを決める」ことは容易でなく，多くのシステム導入現場で苦労して
いるということである。

　そこで，ユーザーの要求を要件定義にまで落とし込むためのツールやノウハ
ウがあちこちにある。

　スクラッチ開発は，いわばオーダーメードであるが，その場合には要件定義
が終わってから作り始める。パッケージ導入の場合は，ユーザーがほしいもの
に対して，製品を探したり，プロトタイプ（洋服を買うことにたとえれば試
着）することで要件を決めていき，要件が決まれば，即本番（洋服を買ったら
すぐ着る）も可能となる。すなわち，パッケージ導入の場合はあらかじめ作っ
てあるものから合うものを探しにいく。ここに手順と時間の大きな差がある。

5　フィット・ギャップ（適合性）分析

　要求がまとまると，それを満たすパッケージがあるかを探すことになる。ま

た，採用しようとするパッケージが適合するかを見極めようとする。そこで，フィット・ギャップ（適合性）分析を行う。

　フィット・ギャップ分析は，スクラッチ開発では実施しない工程である。なぜならスクラッチ開発は実現したい要件を定め，それを開発していくだけであるからである。その意味で，フィット・ギャップ分析はパッケージ導入固有の工程であり，この内容について説明する。

（1）誤っているフィット・ギャップ分析

　フィット（fit）は「適合」，ギャップ（gap）は「かい離」の意味で，導入しようとするパッケージを対象に実施することが多い。

　フィット・ギャップ分析を次のように解釈している人がいる。

　「標準業務プロセスと業務プロセスが適合しないときは，標準業務プロセスの手順を変更し，標準業務プロセスに基づく新たな業務プロセスを定める。その後，新たに定めた業務プロセスを実現するための機能を開発し，パッケージに追加する」

　ここでは「標準業務プロセスと業務プロセスが適合しないときは，標準業務プロセスの手順を変更し……」と，標準業務プロセスはパッケージの提供する機能と解せられるが，両者にギャップが生じた場合には標準業務プロセスの手順を変更し，**新たな業務プロセスを実現するためにアドオンをしようとしており**，ここに疑義を唱えたい。

　フィット・ギャップ分析を行う場合には，主従関係，すなわち**「何」を正として適合性を判断する**かを誤らないようにしたい。本来，正とするものはパッケージの提供する標準業務プロセスであるはずが，そうはなっておらず，アドオンをしようとしている。パッケージ提供機能を正とする場合には論理上アドオンをすることにはならない。

（2）フィット・ギャップ分析の局面は2つある

　再び洋服の既製品を買うことを想定してみよう。フィット・ギャップ分析は「何」に対して適合性を分析するかが大事であると述べたが，①自身の「要求」に対して合うものがあるかを検証する局面と，②購入すると決めた商品に合わせることの2つの局面がある。つまり，何を買うかを見極めることと，決めたものを体に合わせることである。

　既製品の場合には，先に買いたいもの（要求）を決めてそれに合うものを探すだけでなく，お店を歩きながら，ネットで探しながら要求を決めていく，ということを行う。このように既製品の場合は2つのフィット・ギャップ分析があり，パッケージ導入における場合も同様である。

（3）適合性の判断は双方向で行う

　フィット・ギャップ分析の局面が2つあるということは，適合性の判断は双

【適合性の判断は双方向で行う】

現行業務の実現性　　　　　パッケージの利用検証

	気づき	パッケージが保有するより良い機能 ・ソリューション ・コンサルタントの知見 ・他社事例
追加 ニーズ	追加 （価値）	課題解決のための新たな要件を組み込み，競争力強化につなぐ
現状	現状 （改善）	パッケージの標準機能活用により，業務の効率化等につなぐ
	現状 （廃止）	現行の手続の廃止，自動化，統合，置換などによる業務効率の向上

課題の整理

基本要件の整理

パッケージ評価

方向で行うべきということである。

　一般的に，エクセルを使って最左の列にフィット・ギャップの「対象」を記載し，その右列に◎○△×のような印をつけて適合性を判断することが多いが，それだけでは不十分である。

　実現したい要求の実現性を検証するだけなら，新システムで具備する機能の最大値は自社要求レベルにとどまる。それに対して，パッケージがどのような機能を有していて，それが使えるかの検証を行う場合には，利用者が想定もしていなかった気づきを得られる場合がある。

　この気づきは，パッケージが保有する強みであり，製品の競争力，コンサルタントの知恵，パッケージ利用企業の他社事例から得られるものである。この気づきを得ることもパッケージ利用の恩恵である。

（4）パッケージ利用のメリットを生かすために

　パッケージ利用のメリットを享受するためには，「自社の要求にパッケージが合うか」との視点だけでなく，「パッケージのもつ機能や特長をどう活用するか」の視点をもつことが肝要である。

　しかしながら，多くの日本企業は後者の視点の作業を行っておらず，前者の作業に終始してしまっている。さらに，詳細な要件定義を先に行ってから前者の製品選定作業を行うため，不要なアドオンが発生している。パッケージ利用のシステム導入でこれほど不幸なことはない。せっかく良い機能があるにもかかわらずそれを享受することなく，不要なアドオンを開発し，それによってコスト増，期間増となってしまうからである。

　そして，このパッケージ利用の恩恵は机上のフィット・ギャップ分析では得ることができない。得ることができる方法は，実機によるプロトタイプを実施することである。

　プロトタイプ（prototype）とは，利用者の検証用，動作確認用として作成する試作品のことである。市販のパッケージでも無料お試し期間があって機能

を検証させようとしている。パッケージ利用によるシステム導入では，何より
も実機を交えての検証が大切なのである。

6　PoCとCRP

　昨今のシステム導入の現場では，パッケージ導入にPoCやCRPという工程を
設けることが増えてきているのでこれらを説明する。

（1）PoCとは概念実証のこと

　PoC（ピーオーシー，ポックとも呼ばれる）とは，**Proof of Concept，つ
まり「概念実証」**のことであり，新しいプロジェクトが本当に実現可能かどう
か，効果や効用を技術的な観点から検証する行程をいう。

　システム導入でいえば，デモ環境を構築して実現したいアイデアや目的を検
証することを指し，克服したい経営課題や実現したいことを概念より一歩進め
て実機で検証することである。

　例えば，経営状況をどこにいてもリアルタイムで把握し，その場で指示を送
りたいという経営者からの要求があるとする。そこで経営者が所有するスマホ
に売上や粗利のセグメント別の計画実績対比データを提供し，経営者が改善の
指示をチャットやメールで担当者に発信できる仕組みを作ろうと提案する。す
ると，スマホにその情報を送っても字が小さすぎるのではないか，ネットワー
ク等の制約によって処理速度が遅くなるのではないか，などの懸念が示される。
その懸念を払しょくするために資料を作成したり，机上でデータを計算したり
しても，「本当なの？」と疑念を持ったり，説得力にも乏しかったりする。

　そこで百聞は一見にしかずで，**デモ環境を使って実現できるかどうかを検証
することがPoCである。**なお，映画業界での短編映画の作成，医薬や研究開発
のケースにおける実証的な検証などもPoCと呼ばれる。

（2）PoCとFSの違い

　PoCに似た言葉にFS（Feasibility Study：実現性検証）があり，それとPoCがどう違うかを説明する。

　フィージビリティ（Feasibility）は，「実行できること」「実現の可能性」であり，ITだけでなく新規事業やプロジェクトを成功させるための検証として広く使われている言葉である。

　フィージビリティスタディ（Feasibility Study）は，「実行可能性調査」「事業化調査」「採算性調査」の意味で，その頭文字をとって「F/S」や「FS」と呼ばれる。F/SはITだけでなく，技術開発，研究，行政の施策検討など幅広い分野で古くから使われている。このことから，F/SはPoCと大きな違いはないが，PoCは実現可能性を実機によるデモンストレーション等によって行うため，IT業界で最近よく実施され，FSの中のIT版と位置づけることができよう。

（3）CRPとはプロジェクト開始後に行う仕様検証のこと

　CRPとは，Conference Room Pilotの略で，導入しようとするパッケージの「仕様検証」を指し，システム導入プロジェクトの要件定義の作業として位置づけられている。

　PoCは概念的なことをデモ環境で実施し，効果や効用を検証する作業であるが，それだけでは実際に業務で使える状態にまで落とし込めていない。そこで，デモ環境に実際（仮想でもいいが，現実のものに近いほうが理解しやすい）の勘定科目や取引先マスタ，品目マスタを設定し，実際の業務運用が実現できるかの仕様検証を行うことになる。

　この作業を，会議室（Conference Room）でコンサルタントと利用者が議論しつつ進めていくことから，Conference Room Pilotという名称が生まれてきたとされる。また，CRPをプロトタイプ検証と呼ぶ場合があるが，プロトタイ

プとは「試作品」の意味で，製造業で量産品に着手する前の位置づけとしても使われ，新技術や量産前での問題点の洗い出しのために設計・仮組みされたものをいい，デモ環境，パイロット環境と同じである。

　その意味で，プロトタイプを元に議論を行うことがCRPであり，システム導入の大日程の言葉としてどちらも使われている。

　CRPの目的は，パッケージが実際の業務に使えるように，システムの設定，取引パターンの違いの実現方法の提示，パッケージが不適合とされることへの対処方法の提示などのためにある。さらには，ウォーターフォール型の欠点とされている，テスト検証時にイメージが異なると起こる可能性がある手戻りを防ぐこともある。

　一般的なCRPの進め方は，コンサルタントからプロトタイプの設定内容と機能説明を受け，システムで業務が運用できることを実機で検証する流れになる。CRPの実施単位は，業務一覧の項目ごとで，会計システムの場合は，データ入力，債権管理における請求や入金管理，支払処理，というタイトルごとに行い，1回当たりの実施は数時間をかけて行う。したがって，業務一覧の項目数に数時間を乗じた工数が必要になり，準備やまとめ作業を考慮すると，数週間から数カ月を要することになる。

　CRPは，パッケージの導入作業における要件定義の別名でもある。要件定義は5W1Hを決めることともいえるので，CRPでは実機を交えて業務が運用できるように具体的に，誰が（Who），いつ（When），どのように（How）等を決めていくことがCRPの成果となる。

　また，CRPは製品を選定するための作業ではなく，製品をどのように使っていくかの作業であるので，パッケージが提供する機能が不足している，または不適合なことがあれば，CRPの成果としてその対処方法を提示することまでを含めておくべきである。

（4）機能が不足していると見込まれる場合の対処法

　CRPの結果，パッケージの機能が不足していると見込まれる場合があるが，それでその製品が使えないと判断し，振り出しに戻ることはすべきではない。パッケージが使えるか否かは，PoCで行われているべきであって，根本的な致命的な欠陥が発覚しない限り，そのパッケージをどのように活用していくかの議論をCRPで行うべきである。

　そのような場合，不足機能がありそうと判断しただけでアドオンになるとのCRP結果を報告することがあるが，機能不足によりアドオンになると判断するようなコンサルタントには知恵と工夫がなく，そのようなコンサルタントにかけるコスト無駄であると言っても過言ではない。

　パッケージの機能が，必要とされる要件を満たしていないと思われる場合には，いきなりアドオンをするとの結論を出すのではなく，次の順序で対処を試みることを勧める。

①　パッケージベンダーとのコミュニケーション

　業務プロセスに対してパッケージ機能が不足していると思われたときには，まず，パッケージの提供会社（ベンダー）とコミュニケーションをとることが最重要である。

　そのコミュニケーションをとることなく，パッケージにない機能と思い込んでしまってアドオンを行うケースがある。機能が存在していないと思われる場合でも，コンサルタントのスキル不足で機能不足と勘違いしていたり，機能を備えた新しいパッケージが次期にリリースされる予定もあったりするので，ぜひ，コミュニケーションをとっていただきたい。

②　知恵を出す，工夫をする

　バカとはさみは使いよう，との古くからの諺がある。時にはパッケージベン

ダーも考えつかないような使い方もできる。

　例えば，連結会計システムを構築する際，公表する成果物の金額単位が100万円であるため，従来の方法では，1円単位の処理を簡略化し，1,000円単位でデータ処理を行っていたケースがある。その通貨の処理方法をそのまま継続し，連結会計システムで個別会計システムとデータ連動を行おうとした際に，1円と1,000円との金額単位の違いがあるので，アドオンによってデータ変換を試みようとしていたことがある。

　この場合，アドオンを行うのでなく，1円というデータを外貨として取り扱い，1,000円に変換するカスタマイズを行うのでなく，外貨換算によって換算レートを一律0.001円と設定して1,000円単位の数値を取得する方法を提案したことがある。この場合の設定に要した時間は数十分であった。

　もし，上記のような処理をしなければ，子会社によって利用している会計システムが異なり，財務諸表データだけでなく，在庫データや債権債務データなど，変換を要するデータの数だけアドオンが必要となり，数十のプログラムが必要となる。その場合の工数と期間との違いを比較していただきたい。数十分との差であるので，数百倍，数千倍にも及ぶのである。

③　業務のやり方を変える

　機能が不適合と思われる業務のやり方が，そもそも本当に必要なものであるのかを振り返ってみる。例えば，減価償却の方法に総合償却を採用していた例があるとする。総合償却は複数の固定資産をグループ単位でまとめ一括して減価償却計算を行う処理であり，これは多くの固定資産を個別に管理することが難しい，システムが整備されていない時代の簡便法として認められている方法である。

　この総合償却の機能をパッケージが保有していない場合にアドオンを実施してしまった例があったが，アドオンによるのでなく，償却方法を変えて対処したほうが有効である場合もある。

　システムの刷新は会計方針の合理的変更理由にはなり得ないが，簡便法から

43

原則法に変えていくことは，より正確なデータを計算することになるので，会計方針変更の合理的事由に該当するといえる。

④　他ソフトと連携する

導入するパッケージだけにすべての機能を求めるのではなく，他のソフトを併用して機能を実現することもできる。例えば，法人税申告書のための帳票の印刷ソフトやデータ入力のためのツール，販売や購買といった他業務システムとの連携ソフトや，経費精算などに特化したソフトなどがある。

⑤　手作業で対応する

パッケージに機能が備わっていない業務の中には，処理件数が少ないものがある。そのようなものまでシステム化をしなくても，手作業によるほうが賢明な場合がある。

例外処理の対応については，文字どおり例外であるから，機能が具備されていない可能性が高い。ただし，システム対応にこだわる必要もない。取引頻度の少ない例外処理のためにカスタマイズに費用を投じるのであれば，その時だけのリソースに費用を投じるほうが得策の場合がある。

⑥　アドオンは最終手段

ここまで述べた①〜⑤の対処方法を考えてもよい代替案がみつからず，致し方ないと判断されるものだけアドオンを行う。

アドオンは絶対に行ってはならない必要悪ではない。本書では，アドオンを完全否定することはしない。なぜなら，パッケージのバージョンアップを待たずに，技術変化や環境変化に対応する必要もあるからである。

要はアドオンを決定するまで，最善となる手段を検討したのかということであり，①〜⑤の十分な検討を尽くしているかを検証していただきたい。

（5）CRPを実施する上でのポイント

　CRPを実施する際に気をつけるべきことは，まずは適正な参加者を選ぶことである。CRPの実施において議論することは大切であるが大人数で行う必要はなく，大人数だとかえって意見を出しづらくなることもある。そして，**CRPには必ずユーザーの責任ある立場の人が参加することが大前提**となる。その人が参加しない限り，CRPを実施する意味は何もない。CRPの結果，善し悪しの判断をその場で下すことが必要で，CRPは実機を交えての議論であるので，後で判断を下すということはできないし，何の意味もない。

　次に気をつけなければならないのが，**現状業務をパッケージで処理するとどうなるかを検証しようとしてはならない**ということである。フィット・ギャップ分析を説明する際に述べたが，CRPは新システムを正として行うべきものであり，決して現状業務を正として行うものではない。現状業務を正とすると，現状のやり方を実現することに固執し，不要なアドオンが発生しかねない。

　そして，CRPの実施計画を十分に立てておくことである。CRPの対象とする業務プロセスを一覧化し，キーパーソン（ユーザーの責任者など）が参加できるための日程調整，ギャップ発生時の対処の報告方法なども計画時にまとめておく必要がある。

（6）PoCとCRPの違いと共通点

　PoCとCRPは似ているようで根本的に異なる。PoCは，製品を購入する前に，要求を満たす製品をデモ環境で検証することであり，複数製品を比較検討することも含まれる。それに対して，CRPは，製品を購入した後に，導入する製品の要件を決める作業である。

> 製品の購入前にはPoCを実施し，製品の購入後にはCRPを実施する。

要求と要件について洋服を買うことにたとえて述べてきたが，PoCは購入したい服を試着して評価し，良いと思ったものを着ることによって確認する作業のようなものである。服を何着か着てみるように，複数の商品の比較検討を行うのである。それに対してCRPは，購入すると決めた服に自分の体に合うようにサイズ調整などを行う作業で，ウエストや裾直しの作業である。

　両者が紛らわしいのは，試着してみて良いと思うとそのまま継続してサイズ調整などを行うことである。つまり，**PoCとCRPをほぼ同時に行う**局面となる。そうなると，それぞれが何のために行っているかがわからなくなる。どのような作業工程であっても，その作業工程の目的は作業の実施前に明確にし，作業の終了後にその作業工程の成果を検証すべきである。

　ある商社では，PoCに1年間という期間とそれなりのコストをかけ，日本の商社固有の受発注の仕組みをパッケージで検証し，その商社固有の機能をパッケージで実現することはできないと結論づけ，パッケージの導入自体を見送ったケースがある。

　一方，その商社の競合となる他の商社では，パッケージで使える機能に限定して導入するという判断を下し，半年でシステム導入を完了したケースもあり，その**コストは最初の商社のPoCにかけた金額と同等**であった。

7　開発しないシステムの特徴のまとめ

　これまで述べてきたことはパッケージ導入の指南書のようであるが，本書は**パッケージ導入の中でも不要なアドオンをしない，開発しないシステムの導入**のためのものである。

　パッケージ導入の際，会社の経営者が「わが社のシステム導入は業務をパッケージに合わせてアドオン開発は認めない」との方針を掲げても，現場とディスカッションを重ねていくと「そうは言うけどね……」とアドオン開発を余儀なくされている多くの実態がある。

これまで述べてきた**開発しないシステムの特徴**は次表のとおりである。

【開発しないシステムの特徴】

	スクラッチ開発	パッケージ導入	
		アドオンあり	アドオンなし
要件と要求の区別	するほうがよい	しない	重要
要件定義の期間	長い	長い	最小
要件定義の目的	開発することを決める	開発することを決める	パッケージの利用方法を決める
現状分析	しっかり行う	しっかり行う	要求を確認する程度
現行システムへのこだわり	影響なし	多い	なし
ユーザーの参画	状況に応じて	なし・希薄	重要
PoC	－	曖昧	適正に実施
CRP	－	知恵, スキル, コミュニケーションが不足	適正に実施
コンサルタントのスキルの影響	影響小	スキルがないと発生しがち	知恵と代替案を出せる

第3章

開発しないシステムの
導入のポイント

第2章で，従来型（スクラッチ開発）とパッケージ利用によるシステム導入の手順について述べてきたが，その違いの本質は，「作る」ことから「買う」ことへの変化である。

そして「買う」ことも月額定額のサブスクリプション（略してサブスク）に変わりつつあり，例えば，洋菓子店で「マカロン（卵白と砂糖とアーモンドを使った焼き菓子）のサブスクを始めました」とのポスターがあり，月額1,000円で毎日1つのマカロンを提供するサービスも登場してきている。

他方，システムにおいても，「作る」ことから「買う」こと，そして「使う」ことに重きが置かれるように変わってきている。世の中にあるシステム導入のポイントや解説のほとんどは，「作る」ことを前提にしているものである。

第3章では，システムを「買う」ことや「使う」ことに関するポイントを述べる。

1 「作る」から「買う」への変化とその見極め

（1）身近なもので「作る」から「買う」に変わってきたこと

　以前は作っていたものであっても，最近，「買う」に変わったものに「おせち料理」がある。おせち料理をたとえに「作る」から「買う」の変化を考察する。

　ぐるなび「おせち・ギフトに関するアンケート」（2017年9月）によれば，「お取り寄せ派」か「手作り派」の問いには，「完全手作り」派は15％にとどまり，一方で「お取り寄せおせちを購入する」派は30％で，完全手作り派の2倍になっている。残りはというと「一部手作り」で，全体の55％を占める。

　この調査で特筆すべきことは，取り寄せる理由が**「手作りするより楽でおいしい」**という意見があることである。その背景には，作るのが面倒，時間がかかる，おいしく作るのが難しい，ということがあるのではないだろうか。

　会計システムや人事システムでも同じようなことがいえる。**「手作りするより楽で機能が豊富」**という思考であれば，わざわざ手作りのシステムを開発しなくても，パッケージを購入してくればよい，となる。

（2）買ってくるものでは好みのすべてが満たされない

　買ってきたものがすべての要求を満たしていればよいが，そうではない事情がある。前述のおせち料理の調査でも「一部手作り」が最も多く全体の55％を占めている。このニュアンスはパッケージを購入して足りない機能，よりほしい機能を追加開発でまかなうという進め方に似ている。

　この場合，"一部"の割合がどのくらいかに着目したい。システム導入の話に戻ると，この割合をいわばパッケージの適合率と呼ぶことができる。この**適**

合率は一般的にシステム化を必要とする機能に対してパッケージがどのくらい適合しているかを算定したものである。多くのシステム導入では，パッケージ選定前にこの適合率を調査し，最も適合率の高い製品が選定される場合が多い。しかし，計画時には適合率が高くても，**実際にシステム導入検討のプロジェクトの途上で適合率が低くなり，アドオン要件が多くなることが多い**。その理由には次のようなことがある。

- パッケージに合わせて業務を変えていくという意識が低く，業務改革をするより現状のやり方にこだわり，それが不適合となること
- エンドユーザーと導入コンサルタントが十分なコミュニケーションをとれず，アドオンを回避するための議論が十分にできていないこと
- 導入検討時は粗い粒度で適合率を算定したが，業務要件を深く検討していくと，不適合であることが判明したこと

（3）先に必要な要件を詳細に洗い出すのは誤り

　このように，漠然とした適合率でパッケージ導入を決めてしまうと後になって大変な目に遭うからと，最初にパッケージの比較をしようとし，**先に必要な要件を詳細に洗い出すことがある。実はこの考え方が誤りであり，アドオンが発生する根本原因の1つとなる**。第2章で述べたとおり，システム化を失敗させまいとパッケージ選定前に細かく機能要件を定義する作業を行うことは，失敗の始まりである。

　再びおせち料理にたとえて説明する。おせち料理として何を食べたいかを先にリストアップし，そのリストを細かくするほど，買ってくるおせち料理にそれが入っていない可能性が高くなる。すると，必要なものを満たすには作らねばならなくなってくる。おせち料理を構成する具材は地域によっても異なるが，20〜30種類が一般的らしい。おせち料理の具材は，先を見通せるから「レンコン」，めでたい（鯛），よろこぶ（昆布），子宝に恵まれる「数の子」，といった

感じである。

　ここで，買ってくるおせち料理を思い起こしていただきたい。そこに食べたい料理がどれだけ入っているだろうか。買ってくるものには一般的に人気のある食材が入っているので，自分の好みのものがすべて満たされているとは限らないが，概ね満たされるのではないか。それよりも何が入っているかではなくて，おいしい料理があればそれでよいという人もいるかもしれない。そうなると**要件定義で行うことは，何を食べたいかを決めるのではなく，おいしいものが食べたい，価格はこれぐらいで，といった程度の要求を決めることになる。**

　いずれにせよ，地方や家庭によっておせち料理の内容は異なるので万人の要望を満たすことは難しい。したがって，ある程度の要望を満たすものを提供し，買う側もすべてをそれに期待するのでなく，足りないものは追加で作ればよいと思うようになる。システム導入におけるパッケージもその程度のものであると考えてしまおう。

（4）パッケージはビュッフェ料理のようなもの

　食べ物つながりで，システムの実装方法を食事の提供形態にたとえて考えてみよう。食事の提供形態は次のように分けられる。

【食事の主な提供形態と対応するシステムの実装形態】

	食べる前にすること	システムの実装形態
①自分で作る	何を食べたいかを決める 材料を買う	スクラッチ開発
②オーナーシェフ	メニューから決める お店に任せる	パッケージ導入＋スクラッチ
③ファミレス・ チェーン店	メニューから決める	市販のパッケージ導入
④コース料理	ジャンルを決める 価格を気にする （不満足なら追加注文）	パッケージ導入 （＋アドオン）

⑤ビュッフェ料理	お店を決める 歩き回る	パッケージ導入

①　自分で作る

　これについては議論の余地なく，**スクラッチ開発（ゼロから新たに作り上げること，パッケージと正反対のもの）**である。思いどおりに作り上げる。ウォーターフォール型の開発手法はスクラッチ開発を失敗させないためにできているといえるものである。

②　オーナーシェフ

　オーナーシェフというより，③のファミレス・チェーン店以外というのがわかりやすいと思われる。何が特徴かといえば，お店の方と食べたいものについて話し合うことができる点である。通常はメニューがあり，その中から食べたいものを決めていくが，場合によっては**メニューにないものを注文したり，お任せ料理**がある。パッケージを利用することと，スクラッチ開発の合わせ技である。

③　ファミレス・チェーン店

　このお店に入って，**メニューにないものを注文する（＝アドオン）**人はいないだろう。また，注文したとしても受け付けてくれないだろう。家電量販店やネットで購入できるパッケージといえる。

④　コース料理

　ERPのようなパッケージをコース料理のようなものであると考える人が多いのではないかと思う。それは，コース料理であるとある程度の満足感が得られてコストパフォーマンスがよく，それで足りないものがあれば追加注文すればよいとの考えである。この場合の**追加注文がアドオン**というものである。

　スクラッチですべてを開発するより，適合率が高い部分はコース料理でまか

ない，それに足りないものを追加で注文すればよい。それでもすべてを作り込むよりは得だろう，という考えである。

⑤　ビュッフェ料理

　パッケージをコース料理のようにとらえるのは，20世紀の古き時代の考え方である。現代のパッケージは多機能で，コース料理のように物足りなくなるものではなく，むしろ，提供されている機能を使い切れていないことが多い。料理にたとえていえば，ビュッフェ形式のようなものである。

　ビュッフェ形式のレストランを利用する時，何を食べたい，とあらかじめ細かな要望を考えるだろうか。特に朝食ビュッフェの場合には，寝起きでボーッとしているため，そのようなことはまず考えない。しかし，ある程度以上の満足を得ることができるものである。

　これは非常に大切なことである。会計や人事といった，**どの会社でも必要な領域であれば，顧客がどのような要件を満たすシステムが必要と特定する必要はなく，パッケージを提供する側が顧客のニーズを見越せばよいということ**である。

　そして，ビュッフェで何を食べるかについては，お客さんが店内を歩き回って自身で決める。パッケージ導入においても，この「**顧客（ユーザー）自身が歩き回って決める**」ことが大事なことである。

　ビュッフェにおいて，想定以上の料理があると得をした気分になるし，多少の期待外れがあっても自分で食べるものを決めるので不満は出ない。また，家族でビュッフェに行った際，他人の料理を運ぶ必要は全くなく，むしろ，そんなことをすると家族に叱られる。

　これも重要な点であり，実際のシステム導入の現場でもこれに近いことが起こっている。どのようなことかと言えば，本来は利用者（ユーザー）が仕様を決めるべきところ，利用者不在で情報システム部門やコンサルタントが決めてしまうと失敗する。

　ビュッフェ料理のレストランに入って，追加で何かを注文する人はいない。

強いていえば，ワインなどお客さんの好みと予算に合わせた追加の飲み物メニューがあったり，高級肉やカニ料理などの追加メニューがあったりする程度である。

　パッケージをコース料理のようにとらえるから不要なアドオンが発生するのであって，パッケージはビュッフェ料理のようなものととらえるとよい。

2 「何を」「どのように」システム化していくのかの考え方

（1）課題を解決していくためのビジネスフレームワーク

　システムを作るか買うか，また，どのような手順でシステム化を行うか，ということを検討していくための考え方，手順を紹介したい。

　何らかのシステム化を検討する際には，必ずといっていいほど課題が実在している。その課題を克服するための手段がシステム化といえるのだが，一般論として課題解決の手段，手順はケースバイケースである。

　身近な自身の課題の場合，ネット検索をしたり，知人に相談したり，果ては弁護士や医師といった専門家に相談したりする。そこで自分では素晴らしいと思った専門家のアドバイスが客観的にみると間違いである場合もあるので課題解決の方法は一様ではない。

　いずれにせよ，課題の状況がどのようなものかを分析し，その状況に応じた課題解決の方法で進めていくことが効果的である。この**課題解決の方法はビジネスフレームワーク**（経営戦略や業務改善，問題解決などに役立つ分析ツールや思考の枠組みのこと）と呼ばれ，PEST分析（問題の外部要因を「Politics（政治）・Economy（経済）・Society（社会）・Technology（技術）」との大きな視点でとらえて整理すること），SWOT分析（「Strength（強み）・Weakness（弱み）・Opportunity（機会）・Threat（脅威）」と企業内部の強

み・弱みと，企業外部の環境を同時に整理すること），7S（経営資源をハード
とソフト両面から細分化して整理し，内部状況をより詳細にとらえること）な
ど，有名なものは，すでにビジネスの現場で活用されているだろう。

（2）システム化の検討に役立つクネビンフレームワーク

　クネビンフレームワークとは，課題の種類を因果関係，秩序だったものか，
突発的であるかなどの観点からとらえて分類し，どのように解決すべきかのア
プローチをまとめたもので，次図のとおりとなる。

【クネビンフレームワークによる課題分類】

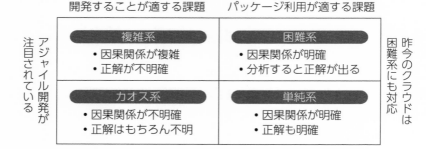

　クネビンフレームワークでは，問題をComplex（複雑），Chaotic（カオス），
Complicated（困難），Simple（単純），Disorder（無秩序）に分類（分類
不能なものは「無秩序な領域」）し，4種類の問題に対して，それらに適した
解決方法を提唱している。

---

　① Complex（複雑）
　　因果関係が複雑で，さらに解があるかどうかも不明な問題。探索をすること
　で問題の性質を知り，対応を考えていかなければいけない類の課題。
　② Chaotic（カオス）

因果関係が不明確で，分析や調査の方針すら立てるのが困難な問題。この場合はまず行動してみることで安定している部分，不安定な部分を理解し，問題を複雑のレベルに落とし込む方法を考えていくことが有効とされる。
③　Complicated（困難）
因果関係が複雑だけれども専門家の分析によって解（グッドプラクティス）が得られるような問題。
④　Simple（単純）
問題の因果関係などが誰にでもはっきりわかるような問題。ベストプラクティスを適用して解決を図る。

ここで，会計管理業務や人事管理業務を考えてみる。取引を仕訳に反映し，それを集計して財務諸表を作るといった業務は「単純」に分類されるといってよい。勤務管理を行うために入退社時間を記録することも「単純」だろう。次に，業績を分析したり，人事評価を行ったりすることはどうだろうか。「単純」とまではいかなくても「困難」に分類できるのではないかと思われる。

ここで，パッケージがカバーする領域を考えてみる。「単純」と呼ばれる領域は通常，パッケージでシステム化されている。「困難」な領域でも，AIなどの登場によりパッケージ利用も可能となり，ソリューションとして提供している会社も多い。「複雑」や「カオス」な領域はどうだろうか。これらは汎用的（どこにでもある）な課題とは言いにくく，パッケージ化されていることを期待できない。むしろ，課題解決の方法が多彩なため，独自に開発する方法が望まれる。

（3）記録するため（SoR）とつながるため（SoE）のシステム

①　システムをモード１とモード２に分類する

企業の中には，会計管理や人事管理といった業務システム，社外公表のホームページや社内用の掲示板，電子メールや情報共有の場，会議室の予約など，

数え上げればキリがないほどのシステムがある。

　これらをどのように刷新していくかを検討するために，ジェフリー・ムーア
が著書『キャズム』で提唱した，SoR（Systems of Record：取引結果を記
録するためのシステム，モード１）とSoE（Systems of Engagement：つな
がりのシステム，モード２）という考え方が参考になる。

②　SoR（Systems of Record：取引結果を記録するためのシステム）

　SoRは直訳すると「記録するシステム」であり，企業内における会計や人事
などの基幹系システムを指し，社内のユーザーの利用を前提としたものである。
このようなシステムは，高品質・安定稼働・正確・手厚いサポートなどが求め
られ，効率化によるコスト削減を目指す場合が多い。また，これらのシステム
では個人情報などの機密情報を扱い，誤作動や情報漏えいなどを絶対に起こさ
ないよう細心の注意を払うことが求められる。

【バイモーダルIT】

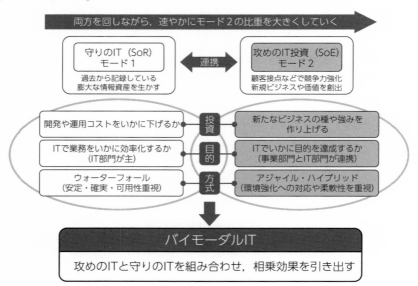

③　SoE（Systems of Engagement：つながりのシステム）

　これに対してSoEは，差別化による競争力強化と収益の拡大を目指す場合が多く，ユーザーは取引先，潜在顧客を含む。このようなシステムでは，高い満足（わかりやすい，できる，楽しい）・速い・安いコストなどが求められる。世界的に有名なITアドバイザリー会社のガートナー社は，こうしたシステム分類をモード1（SoR）とモード2（SoE）に分け，この2種類のシステムが共存する状態をバイモーダルIT（前頁の図を参照）といっている。

　モード1のシステムは，販売管理，商品管理，会計管理や人事管理などの基幹系システムが主流で，**手間のかかる作業をシステム化により効率化しコスト削減を図る**のが主な目的である。

　一方，WebサービスやIT基盤の新しいビジネスの分野では，事業展開にも開発にもスピードが求められ，まずはサービスを開始して，必要に応じてシステムを増やしていく，あるいは改善していくという考えがある。完璧を求めるのではなく，より実用性の高いものを目指す。そして，従来からある仕事をシステム化するのではなく，**WebやITを使って新しい仕事や価値を生み出して**いく，こうしたシステムがモード2である。

　マーケティングやコミュニケーションのための新しいクラウドサービスが次々と登場してきている。クラウドの名刺管理ツールを利用している人は多いだろうし，SNSは単なるコミュニケーションだけでなくビジネスにも活用されているだろう。モード2のシステムは，気軽で，楽しく，失敗しても何とかなる，という楽観的なもので，検討から導入までのスピードが速い。一方，モード1のシステムは，高品質・安定稼働・正確・手厚いサポートの要件があり，誤作動や情報漏えいなどを絶対に起こさないよう細心の注意を払うことが求められるので，クラウドでは要件を満たせないのではないか，外部に委託するにしても取引実績のある信頼できる会社でないと発注できないのと，慎重な姿勢があり，モード1の領域においてクラウドを活用することは敬遠されてきた。

④　バイモーダルIT

　バイモーダルITという考え方が登場してきたのには，普及して間もない
Webに関わる開発を行うのに確立したノウハウが少なかったため，長年にわた
たり安定してシステムを構築してきた方法を学ぶべし，という背景がある。つ
まり，モード１をベースにしてモード２を作っていこうというものである。

　ところが，スマホが普及し，Webを利用するのが当たり前となった2010年
以降，この勢力関係が逆転していく。ITが事業に与える影響も大きくなり，
新しい技術の恩恵を受けるには，従来型のシステム構築手法ではなく，技術力
とスピード感のあるモード２を主流とした勢力に委ねる必要性が生じている。

　会計システムや人事システムというと，従来からモード１の色彩が強く，安
全な仕組みを自前で構築しようというスタンスが主流であった。昨今では技術
の進歩，多くのクラウドサービスの登場，変化が激しい環境への対応のため，
基幹システムであってもモード２のものを採用できる時代になっていることを
認識しておきたい。

（4）開発することがふさわしいものとパッケージ利用がふさわしいもの

　これまで，課題の内容に応じてシステム化アプローチを変えるほうがよいと
述べてきた。

　開発することが望ましいのは「ソフトウェアで実現する機能自体が商品や
サービスの差別化につながり，競争力の源泉となる場合であって，作り込みに
要する費用を上回る収益が十分見込まれる分野」である。これに対して，パッ
ケージ利用がふさわしいのは「競争領域でない各社共通の機能をITで実現する
場合であって，外部からの調達や協調的な取組みによって開発コストを抑える
ことが重要な分野」である。

　パッケージがマーケットとして存在する理由は，同じ機能を他社でも必要と
するケースがあるからである。複数社が同じ機能を必要とするなら，会社の数

だけ開発するより，その複数社が開発費用を分かち合えば，開発側（ベンダー）はより多くの顧客と取引ができるようになるし，発注側（ユーザー）はコスト削減にも寄与できる。

アドオンを望ましくないといっているのは，他社でも必要とするような機能を独自開発することが無駄であり，非効率だからである。

筆者は，製薬会社のパッケージを利用するシステム導入に関わったことがあるが，**製薬会社にとって新薬の研究開発は競争力の源泉となる命綱であるので，これを他社と分かち合うようなことはしない。また，薬の売り先である病院や医師との関わりについても同様**である。

一方，製薬会社には，厚生労働省の許可要件で定める「医薬品の製造管理及び品質管理規則」と「薬局等構造設備規則」（これらの規則はGMP（Good Manufacturing Practice）と呼ばれる）の遵守が義務づけられている。この規則を遵守するためのプロセスをシステム化するのは競争領域ではなく，複数会社が協力し合って機能拡充とコスト削減を図るためにパッケージを利用していく。また，パッケージ提供会社もビジネスチャンスとしてこの領域に必要な機能を具備する製品を開発していくのである。

3　「買う」ことから「使う」ことへの変化を心得よう

（1）「買うこと」と「サブスク（サブスクリプション）」の違い

新システムを導入しようとすると，コストは大きな関心事となるが，最近の製品は月額○円，というような定額制，利用に応じて料金を支払うものが増え，高いのか安いのかの判断が容易にできなくなっている。

実はこのような料金体系は古くからある。交通機関の定期券，遊園地の年間パスポート，フィットネスクラブの会費など，他にもあるだろう。

車でも，買うことだけでなく利用に応じて料金を支払うカーシェアリングがある。先にも述べたが「使う」サービスはサブスク（サブスクリプション）といえる。次表で「買うこと」と「サブスク」との違いを示す。

【「買うこと」と「サブスク」との違い】

	買うこと	サブスク
費用の発生時と大きさ	最初に多額	毎月少額
所有権	移る	移らない
入れ替え（移り変わり）	買い替えるまでない	変わる，交換できる
期間の制限	ない	契約による

　サブスクは，利用者がモノを買い取るのではなくモノの利用権を借りて利用に応じて料金を支払う方式のことをいう。購入の場合には，モノの対価を支払い，所有権を得ることになる。自分の所有物になるので保管のためのスペースや費用，手間もかかり，新たに購入する際や買い替える場合には，その都度費用が発生する。

　一方，サブスクの場合のモノの所有権はサービス提供側が持ったままで，利用を終えた後の保管，さらにメンテナンスや処分に関してもユーザーが負担することなくサービス提供側で行われる。

　「買う」のと「サブスク」とどっちが得か？　例えば，5年利用し続けた場合の費用総額を比較するとしよう。すると，ほぼたいていの場合，サブスクのほうが高くなる。したがって，継続利用を前提とする場合には「買う」ほうが得との論理が成立するようにみえる。ここで気をつけねばならないことが料金に含まれる内容である。システムのクラウドサービスを利用する場合には次のコストが利用料金に含まれているが，「買う」場合には自前で手当てをする必要があることである。

✓ ハードウェアの購入費用
✓ ハードウェアのメンテナンス費用

✓ ハードウェアのメンテナンス要員の人件費
✓ バックアップなどの運用費用
✓ セキュリティ対策費用
✓ 利用者に対するヘルプ，Q&A
✓ 法制度の改正への対応費用
✓ 新技術に対応するためのバージョンアップ費用　など

　これらをみるとわかるように，業務上の要件に加え，システムの管理および運用，利用者に対するヘルプデスク業務なども含まれている。

　車のカーシェアリングにたとえれば，ガソリン代は料金に含まれているようなものである。

（2）コスト以外のサブスクのメリット／デメリット

　買うかサブスクかの判断には，コスト以外の要素も大切である。ここでサブスクのメリット，デメリットをまとめてみる。

●サブスクのメリット
✓ 使いたいときにサービスを利用することができる
✓ 初期投資を大幅に抑えることができる
✓ 定額制なので予定を上回る支出がない
✓ 利用者でのメンテナンスを軽減できる
✓ 最新製品にアップグレードできる
✓ 不満になれば止めることができる（契約にもよる）
●サブスクのデメリット
✓ 使わなくても料金が発生する
✓ 提供されるサービスが変わる場合がある
✓ 要求がすべて満たされるものではない
✓ カスタマイズはできないものととらえる
✓ トータル費用（5年利用程度）は高くなることが多い

コストは大事であるが，こうしてみるとコスト以外にも十分に考慮すること
がある。メリットでいうと，メンテナンスの軽減や最新製品へのアップグレー
ドである。自社内にこれらのことができるリソースがない場合，それはコスト
の判断で済ませられず，外部リソースを活用せざるを得ない。「買う」ものに
外部リソースを活用するなら，はじめからサブスクを選択しておくのがよいの
ではないか。

　一方で，デメリットの中には，提供されるサービスが変わる場合があると示
したが，これは最新製品へのアップグレードと諸刃の剣である。そこにはサー
ビスを「使う」という概念が根底にあるのだが，自社要求を全面的に満たす
サービスがすでにあると賢くサブスクを活用することはできない。サブスクの
場合には，この意識改革が何よりも必要である。

（3）サブスクで提供されることを見定める

　繰り返しになるが，サブスクを活用する場合には自社の要求が満たされるか
を検討するのではなく，提供されるサービスが自社に合うかの判断をすること
が望まれる。その見極めには，SLAの内容をよく吟味するとよい。

　SLAとは「Service Level Agreement」の略で，サービス提供事業者（ベ
ンダー）が「我々はこのレベルのサービスを提供します」「それが達成できな
かった場合はこうします」と約束するもので，「サービス品質保証契約」のこ
とである。ユーザーからすれば，次のような不安が絶えずつきまとう。

✓ システムの応答速度（パフォーマンス）が遅いのではないか
✓ システムの変更（カスタマイズ）が全くできないのではないか
✓ 既存のシステムとの連携／統合が難しいのではないか
✓ サービス提供者からのサポートが十分受けられるか
✓ システムが稼働しない時間帯があるのではないか
✓ 事故が起こった際，復旧までの時間が保証されるのか
✓ データのセキュリティが保たれるのか

　こうした不安をベンダーに伝えても，ベンダーは契約前には「大丈夫です」
という主旨で回答を出すため，SLAの内容を確認するのにユーザーからその原
案を提示することがあるが，ベンダーから提示される内容を見極めるほうがよ
い。

（4）制約事項を洗い出し，あらかじめ認識する

　なぜ，SLAの内容を確認するのに，ユーザーからその原案を提示するとダメ
なのか。それはサービス提供上の制約内容を洗い出すためである。サブスクに
は利用上の制約がつきものである。そのため，制約が何かということをあらか
じめ認識しておくことが必要になるが，ユーザーの要望を先に伝えてしまうと，
要望に対してのみの実現性を検討することになってしまう。

　制約が発生する可能性のあることには，データの保管場所，サービス提供時
間，セキュリティ認証，バックアップなどがあり，さらには，可用性，信頼性，
拡張性など，ありとあらゆることを調査しなければならない。そのようなこと
をユーザーでリストアップする必要はなく，ベンダーから提示してもらうほう
がよい。それによって，ベンダーの力量や信頼性も評価できるものである。

　また，ユーザーが大企業の場合や利用料が多額である場合，ビジネスとして
ベンダーが顧客獲得に走ろうとする。それが無理な対応となり，アドオンの
きっかけになるおそれもある。

4　システム化企画を取りまとめるために

　システム化の想いが浮き彫りになってくれば，その内容を企画書として文書
に取りまとめ，関係者，ひいてはトップマネジメントの承認を受ける必要があ
る。そのためには，次の5W4Hを端的にまとめることである。

What	何を（目的・目標，システム化対象範囲）
When	いつ（期限・時期）
Where	どこで（業者，製品）
Who	誰が，誰と（ヒト）
Why	なぜ（理由）
How	どのように（方法，手段）
How much	いくら（金額，コスト）
How many	いくつ（数量）
How long	どれくらい（期間）

　これらはどのような企画を取りまとめる際にも必要なことであるが，特に**開発しないシステム**を推進していく上でのポイントを述べる。

（1）Who（ヒト）

　システム導入の事例で，同じ製品の活用例や，同じコンサルティング会社が導入を担当していることがあるが，その成否は会社によって異なる実態がある。その理由は，ひとえに担当するヒトによる違いであり，すべてがヒトに委ねられているといっても過言ではなく，**システム導入の成功の秘訣は，1にヒト，2にヒト，そして，3にもヒトである。**

　システムのことだからと，**システム部門に任せきりにするのでなく，システムを実際に利用する部門がもっと関わっていくべき**で，むしろ，利用する部門がイニシアティブをとるほうがよいといえる。ひと昔前は，理系の担当者がシステム刷新を主導してきたが，今の時代は利用する部門がリーダーシップをとる時代へと変わってきている。

　ところで，システム導入の失敗は，次のような兆候が重なり合って起こる。

> ✓ 目的が曖昧であった
> ✓ 仕様が固まらなかった
> ✓ 要件がどんどん膨らんでいった
> ✓ 関係者の意見がまとまらなかった
> ✓ 新しいことにチャレンジする勇気がなく現状に固執した

　こうしたことは，リーダーシップの欠如から起こってくる。つまり，次のようなことができていれば失敗は防げるのである。

> ✓ リーダーがゴールを熱く語り，メンバーを牽引すること
> ✓ 勇敢な意思決定を行うこと
> ✓ リーダーが成功に執念を持ち，他人任せにしないこと
> ✓ メンバーが主体的に作業できるようにすること
> ✓ 関係者間の対立を解消すること

　このような条件を満たすヒトがいないのが課題だとうなずくかもしれないが，どんな会社であってもこの条件を満たすヒトがいる。それは経営者である。これまでの**経営者はシステムのことは専門家に任せる**という傾向が強いが，これらの失敗を防ぐには専門知識が必要なのではなく，リーダーシップを発揮することが重要なのである。つまり，お飾りの責任者ではなく，リーダーシップを発揮できる経営者を体制上の責任者にすることがシステム導入を成功に導くのである。

（2）Why（なぜ）とWhat（何を）

　システム導入時に目的を掲げることが重要であることは前章までに述べてきたので，あえて繰り返さない。ここではユニークな調査事例を紹介したい。

① クラウドサービスを利用しない理由

　総務省が毎年公表している「情報通信白書」の平成30年版によると，クラウドサービスを一部でも利用している企業の割合は56.9％であり，前年の46.9％から大幅に上昇している。また，同書ではクラウドサービスを利用する企業のうち，「非常に効果があった」または「ある程度効果があった」として，効果を実感している企業の割合は85.2％と示されており，多くの企業が効果を実感していることがわかる。

　反面，その調査でクラウドサービスを利用しない理由を調査しており，次のとおりである。

1位：必要がない（39.5％，2016年47.3％）
2位：情報漏えいなどセキュリティに不安がある（38.1％，2016年35.4％）
3位：クラウドの導入に伴う既存システムの改修コストが大きい（27.6％，2016年22.4％）
4位：メリットが分からない，判断できない（23.7％，2016年16.3％）
5位：ネットワークの安定性に対する不安がある（16.1％，2016年12.6％）

　この1位の「必要がない」という回答に着目したい。筆者からすれば，世の中に便利で安価なクラウドサービスがたくさんあるのになぜ活用しないのだろう？　との素朴な疑問が生じる。それでいて，社内ではコスト削減や働き方改革の課題を有している。

　実は良いツールがあるのに活用しようともしない「もったいない！」の骨頂ともいえる調査結果である。この数値は調査の前年より7.8％低下しているので，今後，さらに低下していってほしいと願う。

② クラウドサービスを利用している理由

　次に，クラウドサービスを利用している理由を分析したい。同調査によると，次のとおりである。

1位：資産，保守体制を社内に持つ必要がないから（45.2％）
2位：どこでもサービスを利用できるから（34.8％）
3位：安定運用，可用性が高くなるから（アベイラビリティ）（32.6％）
4位：災害時のバックアップとして利用できるから（32.4％）
5位：サービスの信頼性が高いから（29.4％）

　ここでも1位になっている理由に着目したい。それは要求が満たされる，**機能が豊富ということではなく，保守体制を見据えていることである**。少子高齢化社会を迎え，どこもヒト不足の状況である。また，昭和・平成時代に開発した独自性豊かなシステムのメンテナンスに多大なリソースを費やし，今後，そのリソース確保が危ぶまれることを象徴している。新しいシステムを構築する際，そのゴール（Why，What）には本番稼働ではなく，保守体制のことを考慮しておきたい。

（3）Where（どこ）

　クラウドサービスを利用したい理由の第1位が保守体制を社内に持つ必要がないとからというほど，ヒト不足は深刻である。ましてITの分野は専門性を要し，ヒト不足はしばらく解消されそうにない。ヒト不足を解消するために外部業者に委ねることが増えるが，それが度を過ぎると「丸投げ」と批判されかねない。

　「丸投げ」は絶対悪といってしまうと，アウトソーシング（自社の業務を委託すること）を否定することにもなる。しかし，**丸投げ自体は悪いことではなく，良い製品，良い業者を選ぶことができるなら**，むしろ丸投げでヒト不足を解消できるようになるので良いことである。要するに，良い製品，良い業者を選ぶことにリソースを投じることが肝要である。

（4）How much（いくら）とHow long（期間）

①　人月単価×作業月数でのコスト見積り

　システム構築のコストの多くを占めるのは人件費であるといわれ，その人件費は「人月」という工数単位が用いられ，作業従事者のスキルや経験に応じて単価を設定し，人月単価×作業月数でコストを見積ることが多い。

　例えば２人の技術者が２カ月でシステムを構築する場合は「４人月」の作業工数となり，技術者１人の単価が150万円とすると，150万円×４人月＝600万円という見積金額になる。その人月単価は，作業者によって異なり，コンサルタント＞上級システムエンジニア＞初級システムエンジニア＞プログラマーという単価体系になっているのが一般的である。

②　単価を下げようと工夫しても，作業月数を下げようとしない実態

　筆者はITコストが人月単価×作業月数で算出される慣行は悪しきことだと感じており，成果物ベースの金額提示など，新たな見積根拠が台頭すべきであると思っている。

　それでも百歩譲って，人月単価×作業月数でコスト見積りをするとして，コストを下げるために，人月単価の安い技術者を探そうとするのが実態である。裏を返せば単価の高い人を敬遠する。この実態は100人いれば99人がそうである。残りの１人は，コストが人月単価×作業月数の掛け算で求められるなら作業月数を下げることを考える。

　例えば，単価200万円の技術者が10人月の作業を行うとする，その場合のコストは2,000万円になる。それが単価300万円の技術者であれば５人月で終わり金額は1,500万円で済むという計算だ。

　この例では，単価差は1.5倍あるのに対して工数は２倍の差がある。単位を変えた「まやかし」ととられるかもしれないが，実際は技術者のスキル差は単

価差に比例していない。ある技術者が半日で終わる作業が他の技術者だと数日かかるようなこともざらにある。

　その場合のスキル差は数倍にもなるが単価差はせいぜい数割だ。したがって，コストを下げるには単価が安い人を探すのではなく，工数を短くする方法を探ることのほうが効果的である。

③　期間が短くなるメリットと効果は大きい

　期間が短くなるとコストが低減されるだけでなく，システムの本稼働が早くなるのでシステム化の効果の早期実現を得ることができる。時折，システム化に数年かかる計画を目にするが，数年かけると環境も変わり，計画時点に想定した効果を得られなくなることもある。

　期間が短くなると社内要員の人件費負担も少なく済むし，プロジェクトルームなどを設けておけばその場所代，ありとあらゆることの削減が期待できる。

　コストを下げるため，なぜか単価だけにこだわる人に遭遇するたびにこのような話をしてしまいたくなる。

5　製品や業者の情報収集が決め手

（1）ベンダー選びの失敗例

　「何を」「どのように」システム化していけばよいかを示しても，具体的に行動に移し，何らかの成果を伴う活動をしなければ何の進歩もない。一方，前進しているようでも失敗してしまったら元も子もない。まずは失敗例を挙げ，そうならないようにするにはどうすればよいかを示す。

　筆者が『RFPでシステム構築を成功に導く本』（技術評論社，2011年）を出版した時，次のとおり，ベンダーに関わるシステム導入の失敗例を挙げたが，

この状況と思いは今でも全く変わっていない。

- ✓ 取引のあるベンダーに依頼すると決まっていた
- ✓ 役員や部長の一存で決めてしまった
- ✓ ２社しかベンダーの比較を行わなかった
- ✓ 紹介を鵜呑みにしてしまった
- ✓ 他社事例に翻弄されてしまった
- ✓ 比較するベンダーの数が多すぎ収拾がつかなくなった
- ✓ 口頭でベンダーに依頼したことがうまく伝わらなかった
- ✓ 現場の了解なしに情報システム部門だけで決めた
- ✓ ベンダーの勧めたパッケージ製品との相性が悪かった
- ✓ 他社例と比べて高い金額で契約したことがわかった
- ✓ ベンダーからの金額提示が「一式」だった
- ✓ 長すぎる契約をして途中で解約しにくくなった
- ✓ プロジェクトマネージャーや担当者が力不足だった
- ✓ 下請け・孫請けの担当者が多かった

（2）幅広い情報収集を行っていないことが失敗要因

　これらの失敗例の内容を集約すれば，役員の一存で決める，紹介を鵜呑みにする，２社しかベンダーの比較を行わなかった，など幅広い情報収集を行っていないことが主要因の１つとなっている。情報収集が不足すると次のようなことが起こり得る。

- ✓ より良い製品や業者があるのに気がつかず後悔する
- ✓ 製品の定価や相場がわからず提案金額を鵜呑みにする
- ✓ 誇張した話を鵜呑みにし，本質を見破れない
- ✓ 新しいことを採り入れることができず何も変えられない
- ✓ 想定する以上のコストや導入期間がかかってしまう

　こうしたことを避けるために情報収集が有用であることはわかっていても，現実はその時間がとれない，効果的な情報収集方法を把握していない，身近な声の強い人の意見に従って先に進めてしまう，等の理由で十分な情報収集活動ができていない実態がある。そこで，RFI（情報提供依頼）の文書を発行し，幅広く情報収集を行うことを提案する。

（3）RFI（情報提供依頼）の提案

　RFI（Request For Information），すなわち「情報提供依頼書」は，システムの発注や業務委託などを計画する際，発注先候補の業者に情報提供を依頼する文書のことである。ベンダーからシステムに関連する必要情報を提供してもらい，システムの構成要件や調達条件などの基礎的な情報を固めていくために利用するもので，ベンダーのホームページなどの公開情報以外の情報を得るものである。

　RFIを活用する最大の効用は，企業が想定し得なかった新たなベンダーにめぐりあえること，そして，そのベンダーが有する新たなソリューションを発見できることである。

　独立行政法人情報処理推進機構（Information-technology Promotion Agency, IPA）は，2015年に「情報システム調達のための技術参照モデル」を公表し，IT調達の実態を把握するため，IT調達の課題と解決策に関するアンケート調査を実施している。そこでは，IT調達における課題と解決策に関するテクニカルノウハウを示し，最初にRFIを実施することを提唱している。RFIを利用する情報収集には以下の効用がある。

- ✓ 公開されている情報より深い情報を入手できる
- ✓ 文書で依頼を示すので，ほしい情報が漏れなく集まる
- ✓ 回答期限を示すので期日までに情報が集まり，分析の予定を立てやすい
- ✓ ベンダーは強みをアピールするので，メリットや事例を把握できる

- ✓ 視野が広がり，新たな可能性に気づく情報が得られることがある
- ✓ 各社平等に依頼するので，比較検討を行える
- ✓ 事例に基づいているので，イメージしやすい

（4）RFIを利用しない実態

このようなRFIの効用はあっても，企業の実態は次の理由によりRFI等による情報収集を行っていない。

- ✓ そもそもRFIを知らない
- ✓ 書類を作るのが面倒だ，どうやって作ればよいかわからない
- ✓ 本番稼動時期から逆算すると，RFIを作っている余裕がない
- ✓ RFIを発行するとベンダーから営業攻勢にあってしまう
- ✓ RFIを作る人がいない，外注するとコストがかかる
- ✓ RFIを発行しなくても電話やメールでベンダーは動くと思い込んでいる

こうした状況があることも理解できるが，結局のところ，RFIを発行しないのは「情報収集」を軽視していることと同じである。

改革を試みようとシステム刷新を行うために，普段取引をしているベンダーから新しい情報を得ようとしても効用は少ない。結局，既存ベンダーに発注することになるとしても，RFIを発行することによって，新たな知見や発想を得ることは有用である。

（5）RFIの発行上の留意点

情報収集のポイントは「浅く広く」である。よって，RFIには「深すぎず，狭すぎず」のレベルで記載することが必須となる。RFIは大切な手続だからと分厚い文書を見かけることがあるが，それでは幅広い情報を得ることはできな

い。むしろ，略式文書のほうが貴重な情報を得られるので，はき違えないことが大切である。

　要するに，システム化構想の概要，回答を依頼する内容（ベンダーの会社概要，実績，強み，システム発注の可否，価格の概要，その他）を記載すればよいのだが，様式や記載すべき内容として定型化したものがないので，どのような文書を作ればよいか迷うことがある。そこで，RFIに記載する内容を示すこととする。

（6）RFIの記載内容

```
①　会社の状況
　（ⅰ）会社名（部門名，拠点名）
　（ⅱ）システム化したい領域
　（ⅲ）システム化の背景，目的
②　把握したい情報
　（ⅰ）ベンダーの基本情報（会社名，住所，資本金，従業員数など）
　（ⅱ）システム化したい機能の充足度
　（ⅲ）ベンダーが考える競合他社と比較する優位性，特徴
　（ⅳ）導入実績
　（ⅴ）コストと導入期間の目安
③　システム導入のゴール，スケジュール
　（ⅰ）本稼働目標時期
　（ⅱ）想定している導入スケジュール
④　事務事項
　（ⅰ）担当者が属する部門，担当者名，連絡先
　（ⅱ）回答期限
```

　これらの内容は数ページほどに収まる。事案によっては社運をかけるようなシステム化を行うのに薄っぺらな文書でよいのかと疑問を感じる人もいるだろうが，RFIの目的はベンダーから情報を引き出すことであるから，いたずらに

項目を多くするとかえってほしい情報を得られないことがある。

　例えば，「ベンダーが考える競合他社と比較する優位性，特徴」との項目を挙げたが，この内容をベンダーから引き出すのに数ページも記載する必要は全くない。このようにたった1行でも数十ページもの回答が得られる。

（7）RFIの回答により得られること

　RFIの回答内容がそのままRFIを利用するメリットとなるのだが，特に次の点を強調しておきたい。

①　システム化構想書の元ネタに使える

　新システムの構築企画を上申しようとする際，構想書を作成する必要があるが，そこに説得力のある内容を盛り込むことは労苦を伴うものである。RFIの回答は構想書を作成する上での参考情報となり，自社だけでは気づかないことが述べられている場合もあるので，有効に活用できる。

②　システム構築にかかるコストや期間の目安を把握できる

　システム構築にかかるコストや期間はベンダーによって大きく異なることがあり，時にはその差が数倍にも及ぶことがあるため，何が正しいのかがわからなくなることもある。RFIの回答を得ることによって，システム構築にかかるコストや期間の目安を把握できるので，システム化検討の次ステップでの重要な参考情報となる。

③　新たな提案依頼先の候補となる

　システム化検討の次ステップの大きな作業は，提案の依頼，相見積りになる。通常，提案の依頼先は3社〜5社が望ましいが，RFIを回答したベンダーは提案依頼先の候補となる。

6　汎用性があるシステムは自社開発しない

（1）開発しないことで削減できる工程

　一般的にシステムのライフサイクルは次図のとおりである。

　実装の最初の作業である要件定義は，システム化の目的を実務レベルに落とし込み，システムで実装すべき機能や要素，条件を満たす性能などを具体化する。次の「設計・開発」は要件定義で決めたことを開発する。

　コストと期間を削減するためには，この「設計・開発」の工程を減らす，または，なくすとよい。通常，これらの工程は全体の半分以上を占めるといっても過言ではない。したがって，これらの工程を削減することによって5割以上の期間を短くすることができる。1年超かかると思ったシステム構築期間が半年程度で済むのである。そして，コストの優劣は，パッケージの購入・導入費用と設計・開発費用を比較すればよい。

【一般的なシステムのライフサイクル】

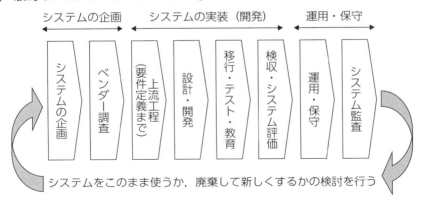

（2）ソフトウェアは自社開発したら負け

　「ソフトウェアは自社開発したら負け」と主張する文献がある（『Why Digital Matters？"なぜ"デジタルなのか』（プレジデント社，2018年）125〜128頁）。その論理の根拠は，ソフトウェアを自社開発するとそのコストは「全額自分持ち」となり，自社の競争力を削いでしまうからである。

　会計や人事といった他社でも同様のニーズのあるシステム化対象分野においては，独自に機能を有するための自社開発をせず，パッケージを利用することで，その開発コストを他社と分かち合うことが得策である。

　パッケージは市場で購入できるものであるが，市場を介して利用者の開発コストを分担しているようなものである。

　システムをオンプレ（オンプレミスの略で，システムを自社で所有すること）にするかクラウドにするかの比較検討は多くの会社で行われているが，システムを開発するかサブスクを利用（パッケージを利用）するかの比較検討は意外と行われていない。開発しなくて済むものは開発しないことが王道である。

（3）「開発しないこと」と「内外製の検討」との違い

　「開発する」か「サブスクの利用」かの判断をしようとすると，「**内外製の意思決定**」をすればよいと勘違いする人がいる。ものづくりで成長してきた日本企業は，付加価値を高めるために優先的に社内で生産を行い，自社の生産能力を超えた部分だけ社外に委託する，という方針を採っていたことが多い。ここでいう社外に委託することは，外部が作ったものを購入するのではなく，自社で作るリソースがないので外部に作らせているだけなのである。

①　外部から調達しても作らせれば内製と同じ

　情報システムも同じことがいえる。特に日本ではITゼネコンと呼ばれる巨

大IT企業が多く，それらの企業はユーザー企業のシステム化の要求を受託して成長してきている。要は自社で作れないものを外部に委ねているのである。この構図は「購入」といわず「外注」という。そして外注は「作る」か「買う」のどちらに属するかというと「作る」に属するのである。そこには「これを作ってほしい」との発注側の要求が先にあるためである。

　先に述べたとおり，「作る」ほうがよいのは，情報システムで実現する機能自体が商品やサービスの差別化につながり，競争力の源泉となる場合であって，作り込みに要する費用を上回る収益が十分見込まれる業務である。一方，「買う」ほうがよいのは，競争領域でない分野で，外部からの調達や協調的な取組みによって開発コストを抑えることができる業務で，ITによる差別化ではなく，ITによる効率化を目指す場合が適当となる。

②　ERPの発端は共通部分の汎用プログラム化

　ERPを世界ではじめて開発したとされるSAPは，1972年にドイツ人の5人のシステムエンジニアが共同で設立した会社である。SAP社の創業時のねらいを紹介している文献がある。それには「彼らはIBM製メインフレーム上で企業向け情報システムの構築に従事していたが，顧客固有の要望に合わせて作り込んでいるはずの基幹情報システムのプログラムが実際には多くの部分で共通であることに気づき，この共通部分を抜き出した汎用プログラムを販売するビジネスを立ち上げた」(『Why Digital Matters?“なぜ”デジタルなのか』(プレジデント社，2018年) 247頁) としている。

③　独自性がないシステムは開発すると損

　先の例で挙げたおせち料理にしても同じである。最初は各家庭で独自に作っていたものが同じようなものを求めるようになり (＝マーケットが存在)，それを商品化しビジネスへと成長していった。それが進化していくと，「ほしいものを買う」のではなく「売っているものを買いたくなる」となっていく。売っているものにほしいものがなければ，諦めるか，他にないかを探しにいく。

ほしいものがない場合に特注をする，それがアドオンなのである。

特注品が必要な業務は開発すればよく，それを否定するものではない。会計や人事といったどの会社にも必要な共通機能に独自性が必要なのか，冷静に検討してみることである。

7 開発しないシステムのポイント

（1）共通性（汎用性）がある機能は独自開発をしない

本書は，開発しないシステムを主張しているものであるが，それはすべてのシステム開発に対してではなく，共通性（汎用性）がある機能について，独自開発をしないでパッケージを利用していこうというものである。

（2）今後は「作る」から「買う」，そして「使う」へ

システムだけでなく，身近なものでも「作る」ことが少なくなり，さらには「買う」「使う」が増えてきている。サブスクの利用判断に際しては，コストだけでなく，ヒト不足の解消，提供されるサービスの制約を見極める必要がある。制約があるのに，アドオンで対応しようとはしないことである。

（3）パッケージに業務を合わせるだけでなく，ほしいものを探す

パッケージに業務を合わせようとよく言われるが，服のサイズが合わないのにその服に合う体になれ，といっても土台無理な話である。

服のサイズが合わないなら，まず，合う服を探しにいくことが大事である。パッケージをビュッフェにたとえたが，ビュッフェの本質は自分で料理を選ぶ

ことである。ビュッフェ料理の店に入ると，どんな料理があるかを一通り確認することと思うが，ほしいものを探すことが大切である。

（4）コストを削減するためには作業月数を削減する

IT業界の慣習として，ベンダーからの提示金額は技術者の人月単価と作業月数の掛け算で提示されることが多い。掛け算で計算されるものは面積である。つまり，コスト削減は面積の問題なのである。システム導入における「面積」を小さくしようとする場合，人月単価より作業月数の削減を試みるほうが効果は大きくなる実情がある。

第4章

開発しない会計システム

第3章の後半で，パッケージを利用して**開発しないシステム**を実現していくためには，パッケージにどのような特徴や機能があるかの情報収集を行うことが大切であると説明した。

そのことにより，WhyやWhatの要求を実現するだけでなく，パッケージが提供する機能に，**予期せぬ気づき**があることがある。その**気づき**こそが業務改革やパッケージ導入のキーとなる可能性がある。

他社でも必要とする共通（汎用）的な業務のシステム化には，独自性を有する必要性は全くない。その共通（汎用）的な業務は，パッケージで提供される機能をそのまま使っていけば，アドオンになるはずがない。

つまり，システム導入の進め方を，**先にパッケージの機能を把握し，それを業務に当てはめていく**，という手順で進めていくことが**開発しないシステム**にしていくための施術なのである。

第4章では，会計システムを元に，パッケージが提供する機能を活用していくことがどのようなものかを説明していく。

1 開発しないシステムで得られること

　従来型のシステム導入は，現状業務の課題を調査して改善策を検討し，新システムで実現したい要求をまとめて，そのシステム化を行う手順を経る。

　それに対して**開発しないシステム**では，自社要求の実現だけでなく，パッケージで提供されるソリューションを生かすことを目指すべきであり，ここでは会計業務を題材に，ソリューションを生かすための手順等を説明する。

（1）大量データを速く機械的に処理する

　会計業務では，経費精算のように単純で同様の大量処理を必要とすることが多い。大量データの入力，処理の手作業から脱却したいのは当たり前である。

①　手作業による伝票入力からCSVアップロードへ

　クレジットの法人カードを所有している場合，送られてくる明細を元に手作業で入力するのはバカらしい。そこで，**明細をCSV形式のファイルにダウンロードし，会計システムに入力できる形式に変換してアップロードができない**かと考える。

　これは，1つの省力化の方法ではあるが，毎月，CSV形式のファイルにダウンロードし，変換作業を伴ってアップロードするのは面倒である。また，この作業では，クレジット会社から送られてくる明細が会計システムに設定されている勘定科目とは異なるので，アップロードをするための変換にそれなりの工数を要してしまう。

②　RPA（Robotic Process Automation）による大量データ入力

　このような面倒さを廃するため，RPAと呼ばれるツールが出てきている。RPAは定型的な作業をソフトウェア型のロボットに置き換えるソフトウェアの

ことをいい，会計業務の入力のように，定型的でシンプルな操作の大量データを処理することに力を発揮する。

　クレジットの明細をシステムに入力することを例にRPAを説明すると，クレジット会社のサイトからダウンロードした利用明細情報を表計算ソフトに貼り付け，カード利用者の所属部門から部門，利用明細の支払先から勘定科目を特定して仕訳の形式に変換するという作業をロボット化するということである。

③　AI（人工知能）とML（機械学習）による省力化

　クレジットの明細データを取り込む際，単にデータを取り込むだけでなく，取引履歴から内容を判別して勘定科目等を推論して自動仕訳を行うという機能がある。これはAI（人工知能）とML（機械学習）による。

　AIは古くて新しい技術であるが，まず，AIの要素技術であるディープラーニングを説明する。ディープラーニングとは，人間が行う作業をコンピュータに学習させる手法で，AIの発展を支える技術であり，その進歩により様々な分野への実用化が進んでいる。

　MLでは，**学習処理と推論処理の2つの処理**が行われる。学習処理の目的は，推論処理を行うための前提となる「学習済みモデル」を作成することであるが，そのためには大量のデータ（学習用データ）が必要となる。推論処理ではこの学習済みモデルを用いて，未知の情報に対する推論を行う。

　決算時のチェックや監査をAIにより自動化することによって，**時間の短縮，正確性の向上**になり，それだけでなく，**不正やミスの防止**にもなる。具体的には，決算時に過去との変動率が大きい等の異変を発見し，**修正の必要がありそうな仕訳を自動で探してアラート表示**することや，**決算時のエラーチェック**などができる。

　他にも，請求書データを自動で読み取り，MLによって不正や不具合の可能性があるデータを抽出し，それらについて人が確認するよう促す機能や，仕訳データを対象に，MLで一定の法則性を読み取り，個々の仕訳がそれに合致するかどうかを評価して異常な仕訳を抽出するものまである。

④ 他システムとの自動連携ができるAPI

　API（Application Programming Interface）は，システムの機能や管理するデータを他のシステムから呼び出して利用するための接続仕様のことをいう。

　旅行の予約サイトを例にAPIを説明する。旅行の予約サイトでは，ホテルや航空会社の空き状況がリアルタイムで連携されていなければダブルブッキングなどの問題が起こる。それを防ぐためには，双方のシステムがリアルタイムで連携していなければならない。

　この場合，複数の予約サイトと多くのホテルを連携するため，その連携を個別に仕様化していくとキリがないので，**オープンAPI**という機能を用いて接続の仕様を標準化するものが不可欠になる。パッケージの中には，APIの仕様を自社のホームページ上で公開しているものもある。

　先に，クレジットの明細を会計システムに取り込むことをRPAによって効率化していく事例を紹介したが，オープンAPIによって，クレジット会社と会計システムとの連携もなされ，それによって，**ダウンロード／アップロードや明細の変換作業をなくし**，クレジットカードの利用明細をそのまま会計システムに取り込む例も登場してきている。

⑤ パッケージのメリットを享受する

　このように，取引の入力を効率的にする方法として，①②③④と発展していることを紹介した。自社要求をシステム化しようとすると，せいぜい②のRPA化で止まってしまうだろう。③④の機能は利用者が要求するものではなく，パッケージベンダーが製品の強みとして提供するものである。

　開発しないシステムの旨味は，こうした強みをどれだけ生かせるかにある。

（2）いつでも・どこでも，システムにアクセスができる

①　パソコンとインターネットにスマホの到来，さらにその先へ

　パソコンの普及とインターネットの浸透によって，現代のIT時代になったことは言うまでもない。

　アップル社が2007年にiPhoneの初代モデルを発表して以来，私たちの暮らしや経済，仕事のあり方は大きく変わり，スマホが普及してから約10年，いろいろなことが便利になり，仕事や生活に様々な変化をもたらしてきた。

　今後10年，そしてその先，さらなる技術進歩が起こってくるであろう。その時には，スマホを利用していると，その時代の若い人に「遅れている……」と茶化されるのだろう。どのような変化，技術進歩が起こってくるのか，ワクワクして楽しみであるし，それを享受しない手はない。

②　承認，分析，連絡がスピーディーに

　10年先のことはともかく，スマホを利用して「いつでも・どこでも」会社のシステムにアクセスできるようになってきた。それによって，**経費精算を行うことや承認といったわずかな事務作業**のために会社に行く煩わしさが解消されている。また，経営者は出張が多く，どこにいても業績や課題への対応状況が気になるものであるが，いつでも・どこでも，状況を把握・分析して，指示連絡をすることが可能になっている。

（3）ミスや不正を防止する

　会計システムは，とりわけミスを防止する必要があるものであり，社内ルールを逸脱する取引が登録できないようにすべきものである。さらには，不正会計，不適切会計ができてしまうような仕組みは絶対にあってはならず，不正を

防止するために内部統制を整備していくべきである。

　「内部統制の基本的要素が組み込まれたプロセスを整備し，そのプロセスを適切に運用していく必要がある」が，この内部統制は，発見的統制と予防的統制，手作業による統制とITによる統制に分類することができ，**業務の効率化とミス・不正の防止のためには，ITによる統制を積極的に採り入れていくこと**が必要である。

【内部統制】

予防 ／ 発見的	予防的統制	発見的統制
	不測の事象や結果が起こらないようにするために設定された統制手続	故意によらない事象あるいは結果を発見することを意図した統制手続
手作業 ／ ＩＴ統制	手作業による統制	ITによる統制
	コンピューターではなく，人間によって実行される統制手続	コンピューターによって実行される統制手続，すなわちコンピュータ・ソフトウェアのプログラムの中に組み込まれた統制手続

　最近では，内部リスクだけでなく外部リスクや法規制などのコンプライアンスも管理できるGRC（Governance, Risk and Compliance）が組み込まれた内部統制に対応するパッケージもある。

（4）ペーパーレス化だけでなく，遡及，追跡を可能にする

　1998年に制定された電子帳簿保存法が，2016年および2018年に改正され，規制緩和が進んだことによって，電子データの保存，証憑のスキャナ保存が（容易に）可能になってきた。これにより，次のメリットを享受することができる。

①　コストの削減

　帳簿や書類を電子データで保存すれば，紙代，印刷代，ファイル代，保管スペース代など，**紙の保存コストがなくなる**。また，ファイリングにかかる人件費も削減できる。IT化により帳簿や書類の電子化だけで大きなコストダウンを図ることができる。

②　業務の効率化

　電子化が実現されると，情報の検索性が向上し「ほしい情報を探す時間」が削減でき，さらに**監査のスピードが上がるというメリット**が生じる。ネットワーク上のやり取りもできるので，遠隔拠点との連携も取りやすくなり，内部監査などにあっても現地を往査しなくて済むようになる。また，**電子署名やタイムスタンプ等によって原本性の証明**ができるため，領収書などの書類に不正が起こりにくく，各種申請内容との正否チェックもしやすくなる。加えて，各システムと連動させ，例えば入金消込に不備があった場合に，債権明細から出荷情報，受注情報まで遡及することもできる。

③　保存体制の強化

　電子化が実現されると，**紙を間違って廃棄してしまった，紛失してしまった**という事故がなくなるし，火災や水害などによる**不測の事態が起きてもデータ喪失の被害を食い止めることもできる**。特に，クラウドサービスは，**強固な災害対策がなされた施設にデータが保存**されているため，災害に強いといえる。

（5）複数拠点管理や業務システムの一元化

　複数の拠点（グループ会社などの別会社も含む）で異なるシステムを使っている場合や，販売や人事といった業務システムがバラバラの場合には，可能な限り，一元管理をしていくほうが望ましい。

例えば，Aというシステムでデータが更新されていても，Bというシステムにリアルタイムで反映されない場合がある。システム間のデータ転送を夜間に行うような仕組みにしている場合，1日待たないと両者の整合性をとることができなくなってしまう。また，販売管理システムで計上した得意先に対する売掛金と，会計システムでの債権管理の売掛金のように，本来は1つのデータであるはずのものが，AシステムとBシステムとで二重管理になり，それが原因となって効率化を阻害してしまうことがある。

したがって，1つの取引に対して，データを保存する箇所は1つであるべきである。しかし，現実には業務システムだけでニーズを満たせず，担当者ベースでエクセル等を活用して業務を行っている場合が多い。筆者はそのような会社を"エクセレント・エクセル・カンパニー"（エクセルを活用するのが素晴らしい会社）と称している。エクセルは便利なツールであるが，用途が一定の度（利用者が複数いる，頻繁なデータ更新が行われる，マクロなどの開発を行う，等）を超えると，業務システムで対応するほうがよい状況になってくるものである。

2 新しい技術の活用

（1）AI，ML，DLのそれぞれの関係

最近，多くの人がAI（人工知能）に関心を寄せている。

昨今のパッケージにも，AIを活用する業務効率化手法が実装されている。そのパッケージでは，**機械学習**（ML：Machine Learning，コンピュータにデータのパターンや構造を分析，解釈させ，人間が介在せずに学習，推論，判断できるようにすること）や**深層学習**（DL：Deep Learning，十分なデータ量を元に人間の力なしに機械が自動的にデータから特徴を抽出するディープ

ニューラルネットワーク（DNN）を用いた学習のこと）を使って，熟練の経理担当者と同じ判断ができるようにAIを訓練する。ここでは，ML，DL，AIの関係を整理する。

①　ML（機械学習）

人工知能は機械そのものを指しているのに対し，**機械学習は機械のもつ機能を指す**。機械学習をひと言で表すなら，**過去に起こった出来事の結果から将来の結果を予測することである**。

過去に起こったことから将来を予測する際には，その考え方，導くための手続が必要で，それをアルゴリズムという。インターネットの検索エンジンで，Webページの表示順位は各検索エンジンのアルゴリズムが働いている。具体的には，Webページに関するデータを収集し，関連性や重要性の判断をして表示順位を付けている。単にアクセス数で並べているのではなく，ニーズに合わせた順位を表示しようとアルゴリズムを作っている。

②　人工知能と機械学習

人工知能は，人間が保有する知能という機能を再現するために作られた機械

【AIの三大分類】

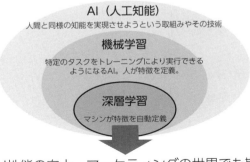

AI（人工知能）
人間と同様の知能を実現させようという取組みやその技術

機械学習
特定のタスクをトレーニングにより実行できるようになるAI。人が特徴を定義。

深層学習
マシンが特徴を自動定義

飛躍的なAI性能の向上。マーケティングの世界でも期待値急増
（第三次人工知能ブームへ）

のことである。知能は，論理的に考える，計画を立てる，問題解決する，抽象的に考える，考えを把握する，ことといえるが，それらはどのようなメカニズムなのか，人間自身がわかっていない。機械学習はそのメカニズムを明かすことの１つである。つまり「**機械学習は人工知能を構成する要素の１つ**」であり，「**深層学習は機械学習のアルゴリズムの１つ**」である。

③　深層学習

　人間の学習や思考は，見たもの・聞いたものを記憶に残し，それらの記憶を元に学習や思考を行っている。しかし，人間は見たもの・聞いたものすべてを記憶しているのではなく，深層心理の中にそれらの情報のうち特徴的な部分のみを記憶しているらしい，ということがいわれている。

　人間の脳を構造的な視点から見ると「ニューロン」という無数の細胞が網の目のように互いに結びつき，ネットワークを構成して情報を処理しているらしいことがわかってきている。ニューロンは，結びついた複数のニューロンから電気信号を受け取り，それぞれの電気信号がある基準を超えるまでは何もせず，基準を超えると次のニューロンへまた電気信号を送るという。このニューロンの働きが，実は人間の深層心理の思考や学習を実現しているのではないか，という発想がディープラーニングの出発点であり，深層学習と呼ばれる由来である。

（2）入金消込業務の効率化

　入金消込は，会計業務の中でも厄介な業務の１つとされている。ここでAIを活用する入金消込業務の効率化を紹介する。

　通常の入金消込においては，金融機関からの振込データとして示される，得意先カナ名称，日付，および金額で対象となる債権明細を特定していく。しかし，中には，先方が明細を集約したり，その逆（部分入金）であったり，得意先カナ名称が前株だったり後株だったり，カタカナの表記が違っていたり，入

金予定日が休日の場合に前後したりして単純に対象となる債権明細を特定できないことが，厄介な業務とされている所以である。

①　仮想口座（バーチャル口座）による入金消込

この課題の対処に**仮想口座（バーチャル口座）**を活用する方法があり，その方法の手順は次のとおりとなる。

- ・金融機関が事業者に対して複数の口座番号（バーチャル口座）を提供する
- ・事業者は提供されたバーチャル口座番号を，取引先や取引ごとに割り当て，請求書を発行する
- ・取引先は指定されたバーチャル口座に請求額を支払う。バーチャル口座宛てに入金されたお金は，請求主である事業者が指定した口座に振り込まれる
- ・事業者は振込入金データを取得し，入金された口座番号から取引先や取引を即座に特定できるため，消込が容易となる

この方法は，単発的な取引が多いネットショップなどでは，入金消込業務の煩わしさを解消する方法といえる。

②　AIを活用する入金消込業務

仮想口座は，入金消込の煩わしさを解消する方法ではあるが，継続的に取引を行う取引先は取引件数も多く，口座を前もって特定しておく必要があるため，結局は，人間の判断で入金消込を行わなければならない羽目になる。

そこで，人手に代わって入金消込処理を自動的に行ってくれるAIを活用する。入金取引には，国をまたいだ取引により様々な決済手段があったり，通貨が異なっていたり，顧客特有の商取引があったり，と様々なバリエーションがあるが，機械学習によって精度の高い消込ルールを構築すると，時には人間の判断を超える能力を発揮することもある。

（3）AIが提供する売上の予測情報

　昨今のパッケージには，売上予測を受注データから分析できる機能を有しているものがある。特に，受注から売上計上までのリードタイムの長い業界，例えば，プラント工事のエンジニアリング業界や建設業界で役立つ機能である。

　過去の営業活動と受注明細を**機械学習データとして利用する**ことにより，**より正確な売上予測を行う**ことが可能となる。また，予測機能を拡大させ，見積りから受注へのコンバージョン率の予測を行う機能もある。つまり，見積りを発行した情報から受注獲得率を予測し，受注金額自体を予測する機能である。

　例えば，10件の見積書に対して7件の受注が獲得できたとしたら，受注獲得率は70％となる。さらに，どの見積書がどの確率で受注するのか，AIが用意する予測モデルを利用して売上予測の精度を高める機能もある。

（4）債権管理担当者の業務

　債権管理担当者の業務を例にすると，資金繰りは企業経営にとって重要な要素であるので，得意先別債権残高，入金予定，売掛金回転日数，債権回収率，売掛金年齢表など，管理すべきことが多くある。

　特に，流通業や卸売業といった，顧客数が多く資金繰りが日々重要な企業にとっては，販売管理データと連携した債権管理の仕組みが重要となってくる。

　資金効率を測る指標として**売上債権回転日数**（DSO：Days Sales Outstanding）があるが，このDSOが長いと現金化までの期間も長くなるため，資金効率が悪いと判断されてしまう。

　この点において，事前にアラートの対象となるDSOの「しきい値」を設定しておき，それを超過した場合は自動的にメールまたはPC画面に表示されるような機能を有しているパッケージがある。

　従来，債権管理担当者が手作業によって行ってきたことをシステムに遂行さ

せることによって，業務の効率化，得意先の与信条件の見直し，ひいては資金
効率アップに役立てることができるのである。

<h1>3　資金管理業務</h1>

　資金繰りは重要な経営管理事項の1つで，資金繰りに失敗すれば黒字倒産も
あり得る。そのため，資金繰りをいかに安定させるかが大事である。
　資金管理業務を円滑に運用するシステム要件には次の事項がある。

（1）財務リスクの見える化

　資金の流動性や取引先の与信などの財務リスクを管理するためには，リアル
タイムかつ一元的に網羅性をもって関連データを確認する仕組みが必要となる。
特に数字の羅列だけではリスクやトレンドがつかみにくいため，棒グラフ，円
グラフ，ヒートマップ，折れ線グラフなど，視覚的に工夫がなされた様々なグ
ラフを画面表示できる機能が必須となる。これらを一元的に網羅した画面を
ダッシュボードと呼び，パッケージに機能として備わっている。
　パッケージには，このダッシュボード上に資金ポジション，資金流動性，債
権債務額，取引相手の与信枠，銀行保証額，市場動向などの主要指標を表示す
る機能があるので，財務リスクをいち早く認識することが可能となる。
　また，格付情報や直物/先物為替レート，各種金利や金融商品のリファレン
スデータなどの金融マーケット情報においても，外部の情報ベンダーから最新
の情報をインターフェイスで取得し，ダッシュボードに表示することが求めら
れるが，昨今のパッケージでは，金融マーケット情報を提供する各情報ベン
ダーとの接続があらかじめ可能なように設計されているため，外部の情報ベン
ダーへのログイン情報があれば，わざわざインターフェイスを開発することな
く最新の金融マーケット情報を取得でき，リアルタイムでダッシュボードに表

示することが可能となる。

　また，日次の資金繰りプロセスもダッシュボード上からの操作により完結することができる。例えば，銀行口座モニターにより取引明細が正常にシステムに取り込まれていることを確認した上で最新の銀行口座残高を確認し，すでに計上された債権債務の入出金予定から予測される当日最終の銀行口座残高を確認し，不足額がある場合は銀行振込を即座に実行するといった作業をダッシュボード上から行うことができる。

（2）効率的な資金流動性管理

　資金管理担当者の業務は，銀行口座管理，資金移動，入出金処理，金融商品管理など多岐にわたっており，これらの業務を迅速かつ正確に実施することが求められている。特に，資金繰りの失敗を回避することは企業活動の継続のためには最も重要なことであるため，資金管理担当者は資金の流動性計画をしっかり立てなければならない。資金の流動性計画を立てるためには，キャッシュ・フローの実績値と予測値を流動性計画のためのデータとして利用することが必要である。

　特にグループ会社が多い大企業にとっては，各グループ会社の資金管理担当者からの予測値の連携が正確な計画実現のためのキーとなる。**各グループ会社のキャッシュ・フローのインとアウトの資金明細を予測値として取得するの**だが，このデータの取得はエクセルではなく，グループ会社共通のシステムの中で完結されることが必要である。**エクセルのデータのやり取りでは集計に時間がかかってしまい，また集計ミス**も起こりやすい。実績値と予測値の集計，確認，承認といった一連の作業はグループ会社共通のシステムに実装されているワークフローとして実現できる機能があればベストである。

　銀行口座管理，資金移動，入出金処理に関しては，昨今のパッケージには金融メッセージングの国際標準である**SWIFTとの連携機能を標準装備**しているものもある。この場合，ASPサービスで提供されているSWIFT接続サービス

を解約して，パッケージだけでSWIFTを利用することが可能である。日本における SWIFT 導入企業数は全銀ネット（全国銀行資金決済ネットワーク）には遠く及ばないものの，今や金融業を中心にクロスボーダー決済が必要な企業にとっては必須な決済手段となっている。

また，日銀ネット（日本銀行金融ネットワークシステム）も全銀ネットも24時間稼働ではないため，即時決済が必要な取引であればSWIFTの利用は必須になりつつある。SWIFTとの連携機能を利用すると，ヨーロッパを中心とした複数の金融機関との接続が容易になる。個別の金融機関に接続する必要もないことから，初期投資や保守費用の低減が実現できることになる。また，セキュリティの面でもISO20022など極めて高度な国際標準に準拠しているため，SEPA（Single Euro Payment Area：単一ユーロ決済圏）決済などについて安心して利用することができる。

金融商品管理については，扱うデータの特殊性から，通常の基幹業務を対象としたパッケージソフトではなく，金融商品を取り扱う専用パッケージソフトを利用することが従来は多かったが，最新のクラウド型パッケージでは金融商品管理を基幹業務に対するオプションとして利用できるようになったものもある。管理の対象となる金融商品は多岐にわたっており，預金，コマーシャル・ペーパー，貸付金，借入金，有価証券，外国為替，コモディティ，デリバティブなどが標準機能として対象とされている。

各金融商品についての取引入力画面の操作はすべて統一されていて，取引入力すると将来発生するキャッシュ・インやキャッシュ・アウトを即時に把握することが可能となっている。

（3）会計基準に従った金融取引の評価

大手企業になればなるほどクロスボーダーでの決済手段が必須となっているが，こうした企業では為替リスクを回避することが収益を確保する上で必要であることから，外国為替に関する先物，オプション，スワップ取引を行ってい

ることも多い。デリバティブ取引に関するヘッジ会計については，IFRS，米国の会計基準，日本の会計基準ごとに異なった会計処理を行う必要があることから，会計基準ごとに元帳を分けた上で金融取引の評価を行い，資金ポジションを財務諸表に表示することが求められている。

　例えば，ヘッジ会計に関する元帳としては，IFRS元帳，米国の会計基準用元帳，日本の会計基準用元帳の3種類の元帳が必要であり，各元帳に先物取引，オプション取引，スワップ取引による仕訳データを記帳することとなる。

　さらに，グループ会社間で金融取引がある場合は，グループ会社をまとめたグループ元帳なるものも必要となってくる。昨今のパッケージは，**異なる会計基準に従った資金ポジションを管理する機能**を実装している。

4 　働き方改革と標準化の推進

（1）会計業務にも多くある働き方改革の対象業務

　働き方改革は，残業時間の抑制や有休休暇の取得促進だけでなく「少子高齢化に伴う生産年齢人口の減少や育児や介護との両立などのニーズの多様化の中，投資やイノベーションによる生産性向上とともに，就業機会の拡大や意欲・能力を存分に発揮できる環境を作ること」を目的としている（厚生労働省）。

　会計業務にも，次のような生産性を高めていくべきことがある。

・伝票記帳の省力化とワークフロー（承認）の効率化
・売掛金の入金管理と残高管理
・買掛金の支払管理と残高管理
・経費管理とそれに伴う証憑管理
・外部報告資料（会社法上の計算書類，有価証券報告書，税務申告書など）
・月次経営会議報告，予算管理

・資金管理（資金運用効果の最大化と資金調達コストの最小化）

（2）「変える」より「減らす」「やめる」を

「働き方改革」というと，今行っている業務をどのように変えていくかに注力してしまいがちだが，「変える」より「減らす」「やめる」ことを検討するとよい。例えば，稟議書などにスタンプラリーのように捺印している決裁文書を見かけるが，3人以上の捺印は必要なのだろうか。多くの人はこれまでの捺印を見てハンコを押していると思われ，責任も曖昧となる。いっそのこと必要な人だけの承認に減らせばよいし，不要だと思う業務，帳票も多いことだろう。それらについては「変える」より「減らす」「やめる」ほうが良い。

そのための考え方に，ECRSの法則がある。ECRSとは，業務改善を実視する上での順番と視点を示したものであり，次のとおりとなる。

E：Eliminate（排除）
　報告をなくす，会議をなくす，効果の少ない業務をなくすこと
C：Combine（結合）
　類似の業務を結合し集中化すること
R：Rearrange（入替えと代替）
　作業順序・作業場所の変更，担当作業者の入替え等を行う
S：Simplify（簡素化）
　最後に簡素化できないかを検討する

これらを実行・推進していくには，経営者のリーダーシップが不可欠である。現場担当者は，これはムダなのではないか，変えたほうがよいのではないか，との意見を持っていても，実行に移すだけの勇気がないし，組織上の弊害も起こる。何より，その仕組みや制度を作成した人からの抵抗が生じる。それを排除するためには，経営者がリーダーシップを発揮する以外にはない。

（3）業務の独自性の排除

　パッケージは，多くの会社で共通する業務をシステム化するものであるから，パッケージが提供する機能に合わない業務があると要注意である。

　業務がパッケージに合わないと判断するものがあっても，その業務のやり方が会社固有のもので，単なるこだわりである可能性がある。別の言い方をすれば，その業務は多くの会社では行っていない業務ということになるので，標準化の観点から排除すべき業務である可能性が高いともいえる。

　そういう場合には，自社の行っている業務のやり方が唯一絶対的に正しい方法であると勘違いしている可能性が高い。パッケージ導入を機に，それをテンプレートに自社の業務を見つめ直すことである。そこで「**自社の常識は世間の非常識**」という標語を改めて発しておきたい。

（4）パッケージ提供のビジネスシナリオの活用

　独自性を排するためにパッケージが提供する標準業務シナリオを採用することにより，業務の標準化を進めることができ，**入力に関わる手作業の廃止，入出金データ管理の効率化，決算の早期化**などが実現する。

　また，単に業務を見直すだけでなく，世界の全拠点に同一パッケージを導入することによって，業務プロセスやデータモデルを共有でき，業務の標準化だけでなく，転勤時の引継ぎの迅速化や社員教育にも役立つ。

　業務の標準化の目的に**シェアードサービス**の導入も挙げておきたい。各拠点の業務手順の標準化による効果だけでなく，拠点間のデータの受け渡しの効率化や拠点全体の各種管理データの収集を容易にすることができる。

　そのためには，勘定科目コード，組織コード，取引先コードといったグループ内のコード体系の共通化も必要となってくるが，個社の多様性を尊重すると共通で利用するコードを多層化することも必要である。

　例えば，勘定科目コードについては，日々の記帳用の科目，連結用科目，国別法定帳票用科目といった3層のコード体系を有しているパッケージがある。また，記帳される総勘定元帳を複数の会計基準に対応させることも可能で，例えば，各国ローカル用の元帳の他，IFRS用の元帳も備えている。

　共通化・標準化といっても，各国の商習慣や法制度は異なっているのが実態である。そのため，すべてを無理矢理に統一するのでなく，異なるところと統一するところのメリハリをつけねばならない。

（5）現行帳票の開発でなく，管理すべき指標と項目の出力

　会計システムの場合，出力帳票のアドオンをすることが多い。また，経営企画担当者や営業管理担当者が独自の管理資料を作成しているものもあり，それらもアドオン対象となることがある。

　新システムを導入する際に，帳票を見直すことなく現行のレイアウトをそのまま出力したいとの要望を受け入れると，アドオンの開発コストと期間が発生するだけでなく，現行帳票と何ら変わらないことから，何の改善も期待できない。改善がないということは働き方改革にも貢献しないシステムとなる。それこそ**開発しないシステム**にならない大きな要因である。

　第2章で，要求は5W1Hのすべてではなく，WhyとWhatに限定しようと説明したが，利用者に要求を聞くと「今使っている帳票はそのまま維持したい」という意見が必ず出てくるものである。ここで注意しておきたいことは「**今使っている帳票**」にこだわるのではなく，「**管理すべき指標，項目**」にこだわる必要がある。すなわち，本来は**なぜ（Why）**と**何（What）**にこだわるべきである。

　データの分析方法についても，パッケージが提供する分析ツールを活用することにより，予算実績の差異分析，異常値のアラート，担当者や部門によるランキング分析，原始取引・証憑への遡及，などの改善が見込まれる。

（6）業務の見える化，一覧化を行う

　システムの使い勝手をよくしていくためには，操作性を高めたり，見栄えを
よくしたりすることが必要であるが，毎日同じ業務をするため，毎回メニュー
のプルダウンを操作するとしたら，その時間はバカにならない。

　昨今のパッケージでは，ログインすると，業務を始める際に最初に開く画面
で，今日すべき最優先のタスクがあらかじめ表示されていることがある。従来
のように，いちいち今日何をすべきかを考えてから，処理を行う画面をメ
ニュー一覧から探して起動させる必要はない。また，日々の操作においてもシ
ステムのメニューを意識しない操作が可能になっている。

　日々必要とされる業務を1つの画面に集約して業務の効率化を支援する機能
をコックピットと呼ぶ。例えば，債権管理担当者は未決済の請求書に対して，
支払約束の登録や債務者との連絡文書の登録といった機能をワンストップで利
用することが可能である。それだけではなく，販売実績予測や出荷遅延予測な
どもAI機能を使って把握することができるので，将来回収不能となる売掛金
の傾向も事前に把握することができ，対策も打ちやすくなる。

　昨今のパッケージでは，各経理業務担当者の利便性に考慮したコックピット
を提供している。グラフィカルな照会画面により，必要となる情報を素早く読
み取り，気になる情報は画面上のグラフをクリックすることでさらに詳細な
データにアクセスすることが可能となる。さらに，各入力画面や出力画面にア
クセスするためのメニュー構成を自分がよく使う構成にするパーソナライズと
いう機能もある。パーソナライズとは個人ごとに設定可能な機能を総称してい
う用語であるが，ユーザーが自分の使い勝手のよいように設定を変えること全
般を指して呼ばれている。これにより，担当者は自分の職責に応じてメニュー
構成を変更することが可能となり，一般会計担当者，管理会計担当者，マネー
ジャー，支払担当者，固定資産担当者など，それぞれに応じたメニュー構成の
変更ができるようになる。

（7）資金管理業務におけるコックピットの実装例

資金管理業務におけるコックピットの実装例を見てみる。

資金管理担当者が朝出勤してメールを確認すると，システムから資金ポジションのアラートが発信されていることに気づく。早速，メール本文のリンクをクリックしてシステムにログインすると，2日後の銀行口座別の資金ポジションが画面に表示される。

そこで，ある銀行の口座の警告表示があり，その口座のリンクをクリックすると，通貨種別ごとに2日後の資金ポジションが表示される。ここで日本円は残高が足りているが，米ドルの残高がマイナスになっていることが判明する。この2日後のマイナス表示されている残高の部分をクリックすると，資金移動の入力を行う画面に遷移するので，米ドル残高に余裕のある別の銀行口座を振込元銀行口座として指定してコメントを付した上で即時振込をシステムで依頼する。その即時振込依頼を受けた支払担当者は，資金管理担当者が付したコメントと2日後に残高がマイナスになることが確認できる画面表示を確認し，資金口座の振替を実行する。振替データは即時に銀行のオンライン取引画面に接続され，預金残高の振替が完了すると同時に，2日後のマイナス残高の警告も消える。

このような資金管理の一連の業務の流れについて，ここに登場する資金管理担当者はシステムのメニューを全く選んでいない。どの画面を開いてどんな処理をすべきか考えることもなく，後続の処理は操作をするうちに次々に出てくる画面表示されたグラフや分析軸の切替え，画面上の表示部分をクリックするだけで処理が進む設計となっているからである。

資金管理担当者は，最小限の操作でやるべき仕事を完了することができる。また，処理を実行するにあたっては，いちいちどのメニューをクリックしてど

んな画面を立ち上げればよいかなどと考える必要もないのである。しかも，今日やるべき最初の仕事はシステムが提示する時代になってきている。

（8）デジタルアシスタント機能で業務を加速

ある建設業の事例を紹介する。

財務会計担当マネージャーが月次決算で支払明細一覧を確認していた時，ある支払明細について支払期日が過ぎていても支払保留となっている債務データを発見する。その原因は発注元からの工事代金が未入金であったので，下請けに対して支払保留としていたものである。

本来，発注元からの代金未入金と下請けに対する支払は無関係であるが，自社防衛のためにそのような仕組みを講じている会社がある。もし，支払先が小規模な業者であれば，発注者からの工事代金の受領に関係なく下請法や建設業法違反となってしまうため，早急に支払を済ませる必要がある。

そこで，財務会計担当マネージャーは，現場監督者に確認を取るため**パッケージに実装されているチャット機能を使って問い合わせ**を行った。その際，当該支払先のマスタ情報のリンクと支払保留となっている債務データの画面ショットをチャットに貼り付けて現場監督者に送信する。その際にコメントとして，「下請業者に状況を伝えるように」と指示を出す。一方，現場監督者は財務会計担当マネージャーからのチャットをスマホで確認し，その場で下請業者と連携する。もし，チャット機能がなければ内容確認に数日を要し，支払保留としている明細の金額や証憑書類を探すことも面倒になってしまう。

些細な例であるが，こうしたチャットを利用する連携はメールや電話以上の効率性をもたらす。チャットは他の社員とも情報を共有することができ，誰が，いつ，どのような指示を出したのか，とのログが残るので，間違い防止にもな

るし，トラブルが起こった場合の証拠にもなる。

　このような機能は「デジタルアシスタント」と呼ばれ，アップルが提供する
Siriやアマゾンが提供するAlexaのビジネス版というと理解しやすいだろう。

5　財務会計だけでなく，管理会計に対応するシステム

　財務会計は株主，投資家，債権者，国・自治体，消費者，地域住民などの外
部利害関係者に，企業の経営成績・財務内容を報告するための会計であるのに
対して，管理会計は，企業内部の経営管理者を対象として，意思決定や経営管
理に役立つ資料提供を目的とする会計である。

（1）財務会計と管理会計の違い

　財務会計と管理会計の違いをまとめると下表のとおりとなる。

　「会社の経営成績や財政状態を報告する仕組み」自体は財務会計と管理会計
とで共通であるが，それらの組織対象や会計期間などには違いがあることがわ
かる。何より，財務会計は会社法や税法などで報告内容や書式が定められてい
るが，管理会計は知りたい内容を経営者が求めるもので，会社によって，経営

【財務会計と管理会計の違い】

	財務会計	管理会計
目的	外部報告が目的	経営管理者への報告が目的
対象組織	企業全体	部門やプロジェクトもなり得る
会計期間	1年単位（上場企業は四半期）	年度や月次（ニーズに応じて）
提出先	外部の利害関係者	経営管理者
資料内容・形式	決まっている	不定形
実施自由度	強制的	自主的
法規制	会社法，税法，金融商品取引法	なし
対象となる数値	実績値	実績，予算，見込，将来値など

者によって報告内容が異なるという大きな特徴がある。

（2）財務会計と管理会計の目的を達成するためのシステム

　システムを構築する際，その要件を定めることが重要であることは言うまでもないが，財務会計の場合には法令等によって要件が定められているのに対し，管理会計は報告する内容が不定形で要件定義を困難にする。

　また，財務会計システムは決められた報告のための仕組みを整備するので，**業務の効率性が求められる**が，管理会計はその**仕組みを構築する意味や効果を考慮すること**が求められる。

　管理会計システムは，マネジメント（経営層）のためのものであり「意思決定と業績管理」を支援することが主な目的となり，経営者が自社の舵取りのための「経営管理者が見たい指標」を実現するものであるはずであり，具体的には後記（3）の要件を満たすことが必要となる。

（3）管理会計システムの要件

①　決算時以外の業績管理

　ほぼすべての会社で，月次決算（流通小売業などは週次や日次決算）を行い，経営会議などで業績報告を行っている。

　月次決算は，経営者に会社の業績をいち早く報告し，何か施策があるのであればその判断を仰ぐために行うものであるので，スピードがないと何の意味もない。その意味で，月次決算の作業プロセスを見直し，省けるものは省き，迅速な報告ができる体制を作りあげていくべきである。もし，**その作業プロセスが属人化していればその標準化やシステム化**が求められる。

　その経営会議資料について，経営企画担当者がエクセルで一生懸命データを整理し，その要約をパワーポイント等でまとめ，それを役員に失礼がないよう

にフォントの統一や“てにをは”を直すような作業をしている会社があれば，そのことだけで，その会社は他社との競争に負けているといってよい。

　その資料を作成する時間と労力は，市場での競争の観点からいうと何の価値もなく，むしろ，時間がかかるというマイナスでもある。ひと昔前であれば経営層にはデジタルデバイド（情報通信技術を利用できる者と利用できない者との間に生じる格差）があったが，今日の経営層にはその心配はないだろう。

　昨今のパッケージでは，経営会議で報告されるような様式を事前に設定し，**経営者がいつでも・どこでも情報を見られる仕組みを構築する**ことができる。その際，分析軸である地域別や製品別軸を自由に切り替え，自身が分析したい内容を自分で操作できる仕組みを利用すべきである。

　そして，分析をするだけでなく，チャット機能などで関係部門や担当者に即座に連絡ができるようにしておくこともよい。

②　予算を管理できるシステム

　よく「もっと『管理』をしっかりしないとダメだ！」という声を聞くが，経営における**管理とはPDCAサイクルを実行していくこと**と定義づける。ここでPDCAに言及することはしないが，会社の目標を具体的な行動計画に落とし込んでその実行管理を行い，その成果を評価して次期につなげる。

　予算管理をエクセルで行っている企業もよく見かけるが，**エクセルを利用する業務には次頁表のような弊害**があるものである。

③　管理会計システムのインフラ

　管理会計の目的として経営者に対する情報の提供があるが，現代のような変化の激しいビジネス環境において，ただ情報を提供するだけでは何の意味もなさない。経営者は常にその時点でベストな経営判断を迅速に行う必要に迫られているため，それをサポートする機能が管理会計システムに求められる。

　そのために必要なことは「経営管理のスピード向上」と「経営状況の見える化」である。このスピード向上と見える化を実現するためには，明細と残高，

【エクセルを利用する業務と課題】

内容	発生する課題
ワークフロー化できない	電子メールでのコミュニケーションが限界
エラーに気づきにくい	ゼロと〇など，入力項目をマスタ化できない
簡単に詳細まで作れてしまう	属人化し，他人がメンテナンスできない
履歴管理ができない	ファイル数がねずみ算的に増加
エクセルファイルが分散化	誰が何をやっているかわからない
多くのエクセルシートが存在	シート間の整合性をとるのが困難
簡単にコピーできる	セキュリティ上問題がある
予算の達成進捗管理ができない	都度，エクセルで作業が発生
多次元分析ができない	期間比較，予測・見込・計画比較
マクロの属人化	誰もメンテナンスできなくなる
組織変更等には対応が困難	エクセルの限界

予算と実績，基幹システムとエクセル，というように別々にデータを保持することではなく，**明細レベルの詳細情報を一元管理すること**が不可欠である。

　会計情報を一元的に管理することで，経営状態の把握，資金業務の効率化，コンプライアンスの強化ができる。多言語・多通貨でグローバルレベルでの管理会計を実現するシステムインフラを構築しておくことが望ましい。

6　業績向上に資するシステム

　管理会計の中でも，業績を管理する仕組みを構築することの重要性が高まっている。業績管理の最終目標は利益を上げることといえるが，利益を上げるためには売上を伸ばすか，原価（費用）を下げる仕組みが求められる。

（1）売上を伸ばしていくための仕組み

　売上を伸ばしていくための仕組みとして，多くの会社が目標管理制度を導入

している。ただし，目標管理がうまく機能していない場合には，月次の経営会議や拠点長会議などで，目標未達をパワハラまがいに問い詰められ，タラレバの結果論に終始し，「今度は頑張ります！」と張り切るようなことしかできなくなる。そうならないために，次の仕組みを持つシステムが必要である。

①　目標を具体的に細かく立てる

目標は具体的に，そして細かく立てるべきである。また，目標の期間終了時に達成状況を客観的に評価できるよう，定性的な目標より定量的な数値のほうが望ましく，目標はSMARTにといわれる。

SMARTは，次に示す5つの目標設定ルールの頭文字をとった略語である。

Specific（具体的）：どんなことに取り組むのかをわかりやすく明確にする
Measurable（測定可能）：定量的な数値目標を設定する
Attainable（達成可能）：簡単すぎるものでも実現不可能なものでもなく，努力すればなんとか達成できるレベルの目標を設定する
Relevant（関連性）：個人的な目標ではなく，組織の目標と部内目標に関連するゴールを設定する
Time-bound（期限）：目標達成の期限を決める

---

②　目標を達成するためのKPIマネジメント

目標管理ではよくKPIを管理することといわれるが，このKPI管理について説明する。KPIとはKey Performance Indicatorの略で，重要業績評価指標と翻訳できるが，この指標を目標そのものと勘違いする場合がある。**目標はKGI（Key Goal Indicator）**であり，KPIはこの目標を達成するための中間指標である。この関係を**次頁図**のようになる。

例えば，サッカーで2：0で勝ちたいとの目標があるとする。この目標はKGIである。この目標を試合後に総括する際，何らかの中間指標がなければタラレバの議論に終始し，遂には，自分たちの試合ができなかった，気合が足り

【KPIとKGIの関係】

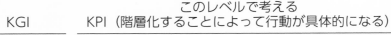

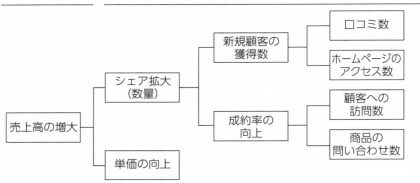

なかった，と何の反省にもならなくなる。

　目標を達成するためには，ボールの支配率を高めよう，パスミスをなくそう，サイドの運動量を高めよう，という細かな中間目標を数値化すべきで，これがKPIである。

　したがって，売上目標を管理するためには売上の目標数値だけでなく，受注や顧客訪問回数，セミナー開催数などの目標達成に向けたプロセスを管理することが望まれ，筆者はこのKPIのことをKey Process Indicator（重要プロセス指標）と称している。このKPIを管理していけるシステムを導入していくことが望まれる。

（2）原価管理

　製造業にとって製造原価の管理はとても重要である。製造原価全体の構成において，材料費，加工費，間接材料費，製造間接費など原価要素ごとに把握できる仕組みが必要であるし，製造コストは棚卸資産に転嫁していくため，原価だけでなく在庫状況や棚卸資産の原価構成の推移も逐次把握する必要がある。

①　原価管理を実現するシステム

「原価」とは，製品1単位当たりの費用である。文章で書くと簡単に見えるが，原価を算出することは難しい。なぜならば，原材料，労務費，経費など，様々な費用が原価として計上され，さらには，直接費だけでなく間接費も多いからである。また，この計算を精緻にすることが原価管理ととらえがちであるが，本来は原価を把握して業績向上に役立てなければ意味がない。

原価計算基準では，原価管理を「原価の標準を設定してこれを指示し，原価の実際の発生額を計算記録し，これを標準と比較して，その差異の原因を分析し，これに関する資料を経営管理者に報告し，原価能率を増進する措置を講ずることをいう」と定義している。つまり，目標となる利益を計上するための「標準原価」を設定し，それに応じた生産計画や販売計画などを立て，そこで実際に発生した原価と標準原価の差額を計算記録し，その差異の原因を分析して，より適切な標準原価の設定と原価低減を目指す取組みをいい，原価管理システムはこの仕組みをITで実現することといえる。

②　原価管理システムが提供するもの

原価計算が正確に行われないと，取引先との価格交渉のための十分な原価情報がない，儲かっている商品と儲かっていない商品を把握できない，という状況に陥り，会社の経営がいわゆる"どんぶり勘定"となってしまう。会社が継続的に利益を出していく体質にしていくためには，原価計算の精度を高め，生産性・効率性向上をとおして原価低減活動に結びつけることが大切である。

その意味において，原価管理システムを導入することによって，次のことを実現できる仕組みにしていくことが必要である。

・原価計算を効率的に行えること
　原価に関係するデータ収集から間接費の配賦計算，工程別原価や部門別原価の自動計算等，実際原価を計算するための負担を軽減し，その代わり，各種分

析や計画立案などにリソースを投入するようにする。

・**コスト削減のための分析を容易にすること**

　標準原価計算における実際原価との差異分析や歩留差異など，コスト削減のための改善内容の分析が効率よくできるようにする。

・**原価情報を共有すること**

　原価の改善は一朝一夕にできるものではなく，継続的に改善活動を施していくものである。また，その内容についても担当者に閉ざされたものではなく，資材管理や在庫管理，物流や生産計画にも活用し，時には経営判断を仰ぐ改善提案も出てくるものである。その意味で，関連部署と状況を共有できるシステムを構築していくべきである。

・**シミュレーションができること**

　仕入先の変更や原材料の高騰などによってどう原価が変化し，自社にどのような影響を与えるかをシミュレーションによって予測できる機能があるとよい。目標原価を維持して原価改善に取り組むためには，将来的にどういった変動要素があるかを把握し，それに応じたプランを複数立てることが有用で，それぞれのプランの善し悪しを関係者と議論する際の元となるシステムが必要となる。

（3）プロジェクト管理

　建設業やプラント製造業，システムインテグレータなど，プロジェクト型の会社では，原価進捗率，原価差異，工数差異，実際利益などを把握し，プロジェクト別の損益管理を行う必要がある。

①　プロジェクトマネジメント標準のPMBOKに基づく管理

　PMBOKとは『プロジェクトマネジメント知識体系ガイド』のことで，プロジェクトマネジメント協会によって1996年に初版が発行された。PMBOKでは，プロジェクトマネジメントに欠かせない領域を10の知識エリア（システム管理，統合管理，スコープ管理，スケジュール管理，コスト管理，品質管理，組織管理，調達管理，コミュニケーション管理，リスク管理）に分割し，それらの管

理プロセスを体系的に示すことで効率よくプロジェクトのQCD（Quality：品質，Cost：コスト，Delivery：納期）を満たすためのガイドであり，PMBOKに準拠した内容を管理できる仕組みがあるソリューションを導入することが望ましい。

②　費用発生前の先手管理

　プロジェクト管理に必要な機能は，費用が発生する前の先手管理を行うことである。要は，購買依頼時点や発注時点，もしくは発注後の検収前段階といった費用計上の前段階で，プロジェクトにかかるコストを把握できるシステムが必要となる。これを未確定債務と呼んでいるパッケージもあるが，その未確定債務をプロジェクトごとに計画原価，実績原価，計画と実績の差異とともに一覧表示できるようになればプロジェクト管理に有用である。

【プロジェクトが赤字になってしまう例】

プロジェクト名	責任者	計画原価	実際原価	差異	未確定債務	警告
ABCプロジェクト	XY	¥1,000,000	¥800,000	¥200,000	¥300,000	*

このままだと原価が予算超過となってしまう

③　抜け漏れと手戻り防止

　プロジェクトを正常に進捗させていくためには，作業の抜け漏れや手戻りを防止することが必要である。
　そのためには，自社だけで計画を作るのではなく，標準となるテンプレートがシステムに具備されていれば，それを元に計画を立てていけばよい。ただし，得意先があり売上計上できるプロジェクト（得意先プロジェクト）と，社内システム構築などコストだけ発生するプロジェクト（内部プロジェクト）では，請求データの有無や社員の時間当たりの単価のデータ設定が異なるので，テンプレートも別々のものが必要となってくる。

第 5 章

開発しない
人事管理システム

　人事管理とは，古くは「従業員の勤怠や給与を管理すること」で，給与計算を正確に行うことを中心に人事労務管理と認識されてきた。

　昨今，テレビで人事管理システムのコマーシャルをよく見かけるが，その内容は勤怠管理や採用，評価など多岐にわたり，それは従業員に関することすべてを網羅している。つまり，人事管理システムに求められているものは，人事労務管理だけでなく，人材に関するマネジメントすべてである。

　このところの状況をみると，政府が矢継ぎ早に法令を改正したり，社員が大量に退職したり，M&Aで同僚が一気に増えたり，コロナ禍で経営環境が一変したり，企業を取り巻く環境の変化が激しい。

　環境変化が著しい場合に求められることは，システムの早期導入である。要件を固めるためにヒアリングをして確認し，設計書を作って開発，テスト，完成までに数年を要する……なんてことをしていたら，その頃には要件と全く異なる環境になりかねない。

　システムの早期導入には，アドオンをしないシステムが必須で，法改正等に速やかに対応する方策はベンダーが提供する機能をそのまま活用していくことである。それにより，常に，有効・安心・安全・最新の人事管理システムを保っていくことができる。

　第5章では，人事管理システムを元に，パッケージが提供する機能を活用していくことがどのようなものかを説明していく。

1 組織を管理するシステム

　組織の管理は，会社の運営を行う上で重要であることはいうまでもない。組織はヒトが動かすものである。社員が数名で社長がすべてを把握できる会社ではヒトを管理する仕組みを構築する必要はないかもしれないが，多くの社員を抱える会社になれば，給与計算に必要な**家族，手当，異動**などの情報をエクセルで**管理することが限界**となり，社員の**資格，実績，スキル，個性**などに至っては**把握することすらできない**。それによって，適材適所の人材配置ができない，優秀な人材が育たない，従業員満足度が低下する，という事態に陥り，結果として，社員のモチベーションを保つことができず，離職率が高まってしまうということになりかねない。

　もはや，システムに頼らなければ組織を管理することは不可能なレベルに達している。それにもかかわらず，実態はコストを投じるのを嫌い，システムではなく人海戦術で管理する，すると人材のマネジメントなどできなくなってしまう，との悪循環に陥っている企業が多くある。

（1）組織図や構成員の氏名の管理だけでなく写真を載せる

　組織図や人員構成は，単に管理するだけでなく，**顔写真やプロフィールなどを表示**するとこれまでにないコミュニケーション効果が生まれる。

　社員の顔と名前を把握することにつながり，会ったことがない人でも親近感が湧いてくるのである。

　顔と名前が一致することは日常生活では当たり前だが，大きな会社ほどできていない。お互いの顔と名前がわからない状況であれば信頼関係も築けない。誰がどの部署にいて何ができるのか，それが明確化されていなければ，配置や抜擢，評価といった人材マネジメントはうまく行えず，人材を十分に活かせない。それが大人数となるとなおさらである。

（2）基本組織以外の管理

①　特殊組織（プロジェクトなど）の管理

　会社の中には，組織図に表せないプロジェクトのような一時的な役割を担う組織がある。組織横断のプロジェクトなど，組織図には表れないような組織情報を管理する必要がある。「システム刷新プロジェクト」「新規事業プロジェクト」「働き方改革プロジェクト」など，このような組織に誰が所属しているか，多次元の組織管理が求められる。

②　勤務場所の管理

　社員の勤務場所が，所属している組織の執務場所ではなく，建設現場や販売店舗のように実際の勤務地と異なることがある。このことが常態化してくると，それを組織図の中に表そうとする場合があるが，単次元の管理だけでなく，**実際の勤務場所を管理できるようなシステムであったほうがよい。**

③　社員のイベント情報

　誕生日のお祝いをして嫌がるヒトは稀だろう。職場でも誕生祝いはあってもよいし，コミュニケーションを促進する機会にもなり得る。ただし，誕生年のようなプライバシーへの配慮を怠ると逆効果になるので気をつけなければならない。誕生日だけでなく，入社日，赴任日，資格取得日，結婚記念日，子どもの誕生日など，個人情報には十分な配慮をした上で情報を管理できれば，イベント休暇制度導入の検討など活用方法は多々ある。

（3）組織改編への対応

　会社にとって大きな課題があれば組織を改編することが課題対応の手段とし

て挙げられるが，その作業は容易ではない。

　組織改編に対応した履歴管理を実現し，過去・未来の組織管理をすることが求められるし，組織を構成する社員情報とその履歴など，様々な視点から人事情報を把握できる仕組みが必要となる。

2　採用を管理するシステム

（1）良い会社の条件は良いヒトがいること

　筆者が世界的に有名な金融機関の監査をしていた頃のエピソードを紹介したい。外資系の金融機関というと，何となく殺気立って，冷たいという印象を持っていたのだが，部署内の壁に各スタッフの一覧表と誕生日（年を省略した月日だけ）が貼ってあり，その日に皆でケーキを食べるという習慣があったようである。

　昼食時の世間話で，何気なく「どんな会社が良い会社の条件だと思いますか？」と聞いてみると，担当者が「365日リクルーティング（採用）している会社だと思います」と話し，「会社にあって最重要なのは人材です。なので業績が悪いから採用しないということではなく，良いヒトであればいつでも採用しようという姿勢を持っている会社が良いと思います」と続けた。そのとき，日本にありがちな定期採用しかしない会社と根本的な違いを感じたのを覚えている。そして，監査に対応していただいている女性スタッフのことを紹介され「あの人は郵便局から転職してきたんですよ。御主人は商社マンで『私も外資系の会社で働きたい』と，電話帳で外資系の銀行を探し出し，あらゆるところに履歴書を送られたそうです。面接の際にその方が熱心にメモをとっていたのが決め手で採用しました」と話を続けた。

　面接試験でメモをとりさえすればよいということではないが，良い会社には

118

良いヒトがいることは間違いない。近年，少子高齢化による人材不足を背景に，採用に苦戦する会社も多く，**採用活動の強化・効率化はますます重要性を増し**てきている。

（2）採用管理システムが提供する機能

　採用管理システムでは，求人情報の発信，応募者の個人情報管理，選考の進捗，採用担当者の評価などを一元管理する必要があり，このシステム（パッケージ）はATS（Applicant Tracking System）と呼ばれている。

　スマホの普及により，求職者はいつでも，どこからでも仕事探しや求人応募をすることが可能になっている。したがって，採用活動を行う企業側も早急な対応が求められ，採用担当者だけでなく，**会社全体としての採用への人的・時間的リソースを有効に使うことができるシステム**が求められる。

【採用活動】

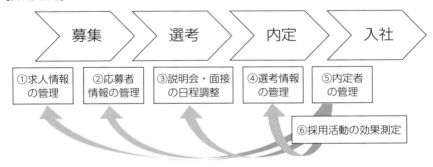

①　求人情報の管理

　会社が自社のホームページで求人情報を掲載したとしても，それが検索エンジンに引っ掛かることはあり得ないといってよく，応募者がよく見るメディア等に求人情報を掲載することが一般的な活動となり，求人情報と公開している

媒体を管理する。中には，ATSと媒体が自動連携しているものもあるので，登録作業などの作業を軽減することができる。

② 応募者情報の管理

求人の応募には，求職者の履歴書や紹介元などの個人情報や機密情報があり，情報の取扱いに慎重な配慮が求められる。共有フォルダなどにおいてワードやエクセルで管理することは，漏えい事故が発生する可能性を拭えないことから安全な環境で管理することが必要である。

AIによる書類選考ができるパッケージもあるので，大量に人材を採用する会社ではその利用を検討するとよいだろう。

③ 説明会・面接の日程調整

採用に限らず，日程調整はありとあらゆる業務で面倒であるし，この作業自体に価値があるわけでもない。応募者と面接担当者との日程調整を，担当者の予定と連動する仕組みの導入により省力化を図る。SNSを活用する日程調整や連絡は，電話やメールに比べて効率的なコミュニケーションができる。

④ 選考情報の管理

求職者の選考情報の管理では，採用プロセスの進捗状況や，筆記テストや面接の評価などを管理することが必要である。面接の評価は主観的になりやすく，評価指標をあらかじめ，定量化できるものは数値化しておく。さらに，選考ステータスをグラフや表で俯瞰できるダッシュボード機能も有効である。

⑤ 内定者の管理

内定通知の実施や，内定後の連絡・フォローを行う。内定を出しても応募者が辞退することがあるため，入社までのフォローをしっかりと行うことが大切である。内定者の心理面のサポートを行うATSも登場してきている。

⑥　採用活動の効果測定

　意外と見落としがちなのが，採用活動自体の評価とその改善である。求人情報の出し方の善し悪しや選考プロセスの妥当性，応募者の母集団や応募経路の分析などを行うことも効果的である。

（3）ATS導入のねらい

　採用活動を効率化することによってスピード化を図る。採用にかける時間自体を短縮することが優秀な人材を取り逃がさない秘訣となる。

　採用活動に関わるデータを社内で共有し属人化を防止する。また，情報を数値化することで，客観的な選考が可能になるため，採用担当者の負担減にもつながるし，**内定者情報をシステムで管理することで，入社後の紙での手続を廃止することもでき，入社業務の効率化**にもなる。

　人為的な作業では，選考結果の連絡漏れが起こる可能性があり，時には会社の信用を落とすことにもなる。システムを利用することによって採用活動の抜け漏れを防ぐことができ，些細なミスを防ぐことが採用のチャンスを広げることになる。

3　人員配置と異動を管理するシステム

　人員配置は，社員を適材適所に配置し，業務の効率化や最適化を図るための重要な人事管理業務である。**人員配置をひと言で表せば，「誰を」「どこに」配置するかを決めること**であるが，そのためには社員のスキルやポテンシャル，適性，経験を把握しておく必要がある。また，会社の組織としての力を発揮していくためには，同じようなヒトで組織を構成するより，タレント（能力・性格など）が異なる人員を組み合わせることが有効になるが，相性が合わないと

逆効果になることもあるので留意しておきたい。

　人員配置をエクセルで行うこともできるが，それはあくまでも結果である人員配置表を作成することであって，タレント，経験，社員相互の相性，過去の配置履歴等を合わせて管理することには限界があり，これらの把握を行うことが有効な人員配置になるので最大限パッケージを利用したシステム化を進めていただきたい。

（1）タレント・マネジメント・システムの必要性

　タレント・マネジメント・システムは，社員が持つスキルや経験などを一元管理して可視化し，それによって適材適所の人材配置や適切な人材育成などに活かすものである。原始的な人事管理との違いは，社員のスキルや経験などのデータの一元管理と可視化により，戦略的な人材配置・人材開発を可能にすることである。

　少子化や採用難と言われている中，会社にとって必要な人材を新たに採用することは難しく，むしろ，社員１人ひとりの持ち味や特性を見極め，最も能力を生かせる適所に配置して，会社の業績向上と社員の満足度の双方を高めていく取組みが必要になってきている。

（2）タレント・マネジメント・システムが提供する機能

① 人材の見える化

　会社は大きくなればなるほど，「社内にどんな社員がいるのかわからない」「同じ部署になった社員のスキルや経歴がわからない」「社員の顔と名前が一致しない」という課題を有しているものである。人材の見える化を行うことにより，社内の従業員の状況を俯瞰的・多面的に把握できるようになり，「こんな社員はいないかな」との検索や社員の詳細な経歴を把握することができる。

②　社員のスキルアップの促進

人材の見える化だけでなく，社員のスキルアップを支援する次の機能を有する。

> ・キャリアを体系化して社員が目指す進路を示す
> ・社内で得られるキャリアを可視化し，どんなチャンスがあるかを提示する
> ・新しい資格・技術・スキルを身につけるように社員を動機づける

③　次世代人材の選抜・育成と後継者計画の作成

次世代人材の選抜・育成や，キーポジションの後継者計画を作成し，将来そのポジションを担うにふさわしい候補者をノミネートして，将来的にキーポジションに就けるような人材を計画的に育成する。

④　目標管理

個人の目標と，組織や部門の目標とのつながりを可視化し，目標の連鎖を意識づける。また，人事考課シートごとに適切なステップを設定し，評価プロセスの進捗や上司評価の分布などを把握できるようにする。

⑤　異動業務の効率化

最適な人員配置を考えるにあたっては，丹念に人材情報を収集し，念入りに検討を重ねて人事異動を行う必要がある。この人事異動を考えていく業務は煩雑で，会社によっては非常に工数のかかる業務である。

人事異動による人員構成の影響度のシミュレーションや，異動前後の組織の構成人数や保有スキルなど，異動軸となるデータを基に人材抜擢の提案を行う。

（3）タレント・マネジメントのシステム化によるメリット

①　社員のメリット

　自身の持つスキルに対する客観的な評価を知ることができるので，モチベーションの維持・向上に役立つ。また，自身の強みを活かせないという仕事への不満を防ぎ，企業にとって大きな課題である離職の防止にも役立つ。

②　会社のメリット

　個人の持つスキルや経験などを客観的に評価した配置が可能となるので，新しいポストや新しい事業であっても最適な人材を配置できるようになる。

　また，タレントや経験の把握により，的確な教育が可能となり，隠れた人材発見の可能性が高まる。潜在力を企業資源として活用することで組織全体の底上げをすることができる。

　タレント・マネジメント・システムの目指すものは，**既存社員の適材適所の配置と社員のモチベーションを高めていくこと**にあるので，その結果として離職率が高い会社はそれが下がる効果が見込まれる。

（4）タレント・マネジメント・システム導入の成功のために

　タレント・マネジメント・システムは，社員自身が情報を入力する項目があり，社員が導入の意図を理解していないと，正確な情報が十分に集まらず活用できなくなる。事前に目的や必要性を理解するための啓発活動をしっかり行うことが不可欠である。

　また，入力情報は定期的にメンテナンスをしないと意味がない。このメンテナンスをしていくための最大の秘訣は，タレント・マネジメント・システムを日常的に有効に活用することである。有効活用がないと社員が入力情報を最新

化しない，最新化されていない情報だから有効活用もできない，との悪循環に陥る。

　タレント・マネジメント・システムは，会社の人事戦略を変えるほどのインパクトをもつので，既存の人事制度の見直しや新たな制度が必要になることがある。したがって，導入に際しては十分な議論を行い，制度の見直しに必要な期間やフローを考慮しておく必要がある。

　何より，タレント・マネジメント・システムによってどんな課題を解決したいのかを明確にしておくことである。離職率を低下させたい，後継者を育成したい，社員のモチベーションを高めたい，人事異動を効果的・効率的に行いたいなど，その課題を解決するとの原点（要求）を見失わない導入と運用が必要である。

4　社員を評価するシステム

　社員の評価は会社の業績を左右しかねない重要な業務である。なぜなら，社員のモチベーションは会社からの評価で大きく変わり，時には離職にまで発展することがあるからである。しかし，人が人を評価することは難しく，主観で評価してしまうことを免れない。そのため，主観に左右されることなく，公平な評価を下せる人事評価システムが注目されてくる。

（1）評価システムが提供すること

　評価システムが提供することは「評価の公平化」と「評価業務の効率化」である。評価の公平化を実現するために，あらかじめ評価項目を詳細に設定して社員と共有し，それを評価軸とすることで客観性の高い評価を提供することができる。また，評価の公平化を実現しようとすれば，どうしても評価項目が多くなり，それを手作業で運用するのは多大な労力と時間を要する。したがって，

評価項目が増えたとしても，そのためのデータ収集や分析を短時間で処理することができる仕組みを提供するのが評価システムである。

多岐にわたる評価項目の設定から集計，分析といった人事評価の運用を容易にし，評価システムによって作成された考課表は人によるものよりも精度が向上するため，社員の状況をよりわかりやすく視覚化することができる。

評価結果をデータ化することで，評価結果を時系列で比較したり，人材育成に活用していくことも可能になっていく。社員の入社時代からの評価を継続的に管理していくことは大切であるし，社員の多くのデータを活用することで，様々な視点から分析できるようになる。

また，目標を社内で共有することができるようになり，組織やチームの共通認識や相互理解を促し，目標達成意欲を高めることにもつながる。目標によっては，全社で共有する目標と個人と上司との間でのみ共有するものもあるので，内容に応じて使い分けることになる。

（2）MBO（目標管理制度）

MBOは，"Management By Objectives"の略で目標管理制度のことである。組織や個人で目標を設定し，その達成度合いによって評価をしていくものである。

時折，ノルマと目標はどう違うのか？　と考えることがある。

「ノルマ」には"果たすべき"などの義務感の意味が含まれ，マイナス的な表現のイメージである。それに対して「目標」には，達成を"目指す"ものという意味があり，自分から主体的に作ることを指す。したがって，ノルマと目標との違いは義務感で行うか主体的に実行するかにある。

社員が自分で最適な目標を設定・管理するのがMBOであり，自分で決めた目標に対し，自ら考え動くことがMBOの本来の姿である。

MBOを紙やエクセルで行うと，目標管理シートの配布，記入，回収，集計やファイリングなどの作業が煩雑になり，進捗状況もわかりにくい。また，目

標管理シートは評価者以外の社員には見せられないので，**セキュリティには注意が必要で，誤送信などのトラブルが起こる可能性がある。**

　MBOのシステム化を行うと，**目標管理の項目を全社的に統一できるだけでなく，目標達成への進捗状況管理，アクセス制限管理，評価との連動，コミュニケーションの利便性向上などのメリットを享受することができる。**

（3）OKR（目標と重要な成果）

　OKR（Objectives and Key Results）は，目標を達成するための目標管理法の1つである。Objectiveは目標，Key Resultは目標達成のカギになる成果（成果指標）という意味で，第4章で述べたKGIとKPIの関係と似ている。

　OKRを導入するのであれば，企業・チーム・個人と階層化していくにつれて，より複雑で膨大な量のデータを管理することが求められる。これをエクセルで管理する場合，相応の時間と手間がかかる。

　OKRを運用する際，第4章で述べた「SMART」に基づいて管理するとよい。

　目標を達成するためのカギとなる成果指標を用意し，それによって社員の日々の取組み状況や成功の可能性を把握して目標達成を促進する。同時に管理職は，会社全体の目標に対してチーム目標や個人目標の関連づけを行い，目標の進捗状況をより正確に把握することが可能となるようにする。

（4）コンピテンシー評価

　コンピテンシー評価とは，業務成果を生み出す「仕事のできる人の行動特性（コンピテンシー）」を設定して評価するものである。コンピテンシー評価を活用することによって**社員1人ひとりの行動を分析し，社員が自ら目標を設定することで"生きた行動目標"になり，社員自ら具体的な行動改善を進め，会社の業績改善へつながること**を期待することができる。

　例えば，営業成績が高い社員は下記の行動特性を持っているとする。

- ・顧客のキーマンと良好な関係を築いている
- ・市場や競合他社をよく分析している
- ・目標達成に向けた行動力やコミット力が高い

　こうした行動特性を持った社員が多く活躍すると，会社の業績は上がっていくはずである。そこで，営業成績が高い社員の行動特性を抽出してコンピテンシーモデルを作り，それを社員に横展開して運用していく。

　コンピテンシー評価は**会社の理想を実現するために極めて有用な方法である**といえるが，**コンピテンシー項目は自社で作れるものではない。そこでパッケージがサンプルとして提供する項目を活用し，それをベストプラクティス**としていくことが現実的である。

5　勤怠・労務を管理するシステム

（1）勤怠管理システム

　会社は，社員の労働日ごとの始業・終業時刻を確認して適正に記録することが義務づけられており，タイムカードや入退室のセキュリティカード，パソコンへのログイン記録等を客観的に記録することとしている。

①　労働時間を正確に把握して記録する勤怠管理システム

　勤怠管理システムは，勤務時間の打刻や出勤管理，シフト管理などの機能を有するもので，**労働時間の正確な記録・集計が目的であるが，人為的なミスが起こらないようにすること**が求められる。

　多くの会社で人為的ミスによる勤怠管理の不備が起こっている。これを防ぐには，人手を介する出退勤管理から脱して，システムを利用して出退勤を把

握・記録することが効果的である。

　手のひらや指の静脈認証を利用する出退勤の把握や，パソコンへのログイン・ログオフを利用する方法，スマホからSNS機能を利用することや，交通系ICカード打刻を利用するものもある。

　また，システムで自動化したとしても，いたちごっこのように不正を働く人もいて，GPSを用いた不正打刻防止や，出退勤時間と入力時間や予定時間の突合による乖離アラートなどの機能を有するものもある。

② アラート機能

　勤怠管理システムにおけるアラート機能は，不正防止だけでなく，36協定超過や有給休暇を取得していない社員の検知，残業時間過多などに利用することができる。近年，労働基準法が改正され，過重労働へのコンプライアンスが厳しくなってきているので，法に反するようなことが発生しそうな場合はシステムで事前に予防しておくことが有効である。また，アラートは本人以外にも通知することで，より迅速に対処することができるだろう。

③ スケジュール管理やシフト管理

　勤怠管理システムは，単に労働時間を管理するだけでなく，スケジュール管理，シフト管理にも利用できるとよい。小売業や飲食店で，アルバイトを含めたスケジュールやシフトを管理する場合，各人のスケジュールの希望やスキルの差を考慮した上で，急な欠勤に対応する必要がある。

　シフト管理は，ジグソーパズルのように複雑であり，多くの時間と手間がかかるため，管理者にとって厄介な業務とされている。

　シフト管理は，管理者自身がシフトを作成するだけでなく，スタッフがパソコンやスマホでシフト希望の提出，シフト表の確認，打刻などができるようにしておくことが望ましい。シフト管理システムは，シフトの自動作成や，必要な人員を計算する機能を有し，統計学的なアルゴリズムにより，公平なシフトをいったんは作成してくれるものである。

シフト管理を必要とする会社は，スタッフ全員が集まることはなく，パート社員も多いことから，**いつでもどこでもシフトの提出・確認・連絡を可能にしておくことがよく，調整や連絡もチャット等でできる**システムがよい。

④　裁量労働制・フレックスタイム制などの就業ルールにも対応

　裁量労働制を適用している場合でも勤怠管理は必要である。会社は労働者の健康・福祉を確保するための労働時間を把握する義務があり，当然に割増賃金を支払う必要があるからである。

　フレックスタイム制は，始業時刻と就業時刻を労働者の判断に委ねる労働形態で，3カ月以内の一定期間における総労働時間をあらかじめ設定し，社員はその範囲の中で始業と終業の時刻を決定して就業する。**フレックスタイム制は出退勤の時刻が自由なだけで，労働時間自体は実労働時間を集計して算出**する必要がある。

　近年は，多様な労働形態があるが，それと勤怠を管理しなくてよいこととは別である。フレックスタイム制であっても，**あらかじめ定めた労働時間に対しての不足・超過の有無とその時間内での労働時間の計算ができる**システムが必要である。また，一斉出勤や一斉退社ではないため，出退勤の時間管理がルーズになる可能性があり，**正確に出退勤の記録を行う仕組みを設ける**ことも求められる。

（2）労務管理システム

　労務管理は，賃金や労働時間，労働条件，福利厚生などの労働環境について，労働基準法などの法令に従って管理することである。

　従業員の入社や退社に伴う各種手続や行政への届出，昇給や異動といった人事管理と一体で取り組まれる業務で，これらの業務を効率化するツールが労務管理システムである。

①　届出・申請業務の負荷軽減

（ⅰ）やたらと多い届出・申請書類

労務に関してはやたらと届出・申請書類が多く，入社時に記入・押印を求められる書類の多さと面倒さを覚えていることだろう。会社としては，そういった情報を集め，毎年更新し，社会保険や福利厚生の加入管理，労使関係管理，給与管理，安全衛生管理等の手続を適正に行わなければならず，大変な負担となっている。

（ⅱ）書類作成の効率化

労務管理システムを導入すると，**人事担当者は書類の受渡し作業から解放されるだけでなく，記入漏れが減り差戻しがなくなる**。さらに，**進捗状況をチェックできるため，作成者に確認する作業も減る**。

パソコンやスマホに入力するだけで，**捺印が要らず，紙の配布も不要**となり，システム上で書類を管理するため，**検索すれば見たい書類をすぐに発見でき，書類の保管に時間を割くこととファイルを保管する場所を省ける**。

（ⅲ）役所や従業員への書類提出の手間削減

書類の申請を電子申請でできるため，**役所や年金事務所へ提出しに行く必要がなく**，外出や役所での待ち時間がなくなり効率化を図れる。

役所だけでなく，社員に対しても雇用契約や毎月の給与明細など，紙を出力して配布する必要がなくなる。また，従業員の多い会社は年末調整のために必要書類を配布して回収するのは大変な業務であるが，**従業員が自分で必要情報をオンライン上で入力するだけで年末調整業務を終えることができる**。

②　従業員情報の一元管理

膨大かつ多様な従業員情報を一元的に管理することも，労務管理システムの重要な機能である。従業員１人ひとりの情報は多岐にわたり，雇用形態や人材の多様化によりエクセル等だけで従業員情報を管理することは困難である。

また，従業員自身が情報を入力，更新することが可能になり，人事担当者の

負荷が減るだけでなく，ミスや記入漏れを防ぐことができる。

③　コンプライアンス対策やリスク回避

　労務管理業務は，労働基準法をはじめ，最低賃金法や労働安全衛生法，労働組合法など様々な法令が関わっており，会社はこれらの関連法規を守らなければならない。故意でなくとも法令に違反した場合には，罰則や行政監督の対象となる。労務管理システムを導入し，そのワークフローに従って業務を行うことにより，コンプライアンスを向上させ，こうしたリスクを回避できる。

　労務管理に関連する法令は数が多く，改正の頻度も高いので，その対応には手間がかかるとともに専門知識が必要とされる。その点，パッケージを導入しておけば，機能更新によって専門知識がなくても最新の法令を遵守する業務を行うことができる。

④　適切な労務管理による人材確保と生産性アップ

　労務管理システムを導入しておくことにより，業務が効率化されるだけでなく労働環境も適切で快適なものとなっていく。社員にとって働きやすい企業となれば，優れた人材の流出を防ぎ，優秀な人材も確保できることから，生産性の向上などにもつながる。

6　給与計算を管理するシステム

　給与計算システムは，人事管理システムの原点ともいうべきもので，源泉徴収税額の計算や社会保険料の計算などを法令に準拠した形で行うものである。会社によっては手当や賞与の計算などに複雑な体系を持っているケースがあるが，それはシステムが有している自動計算機能を活用することにより対応する。

（1）給与計算システムに求められるもの

　給与計算を間違えると社員からの信用を失うので，何より正確性が求められる。ただ，通常の給与計算では間違えることはほとんどなく，勤怠管理システムから残業時間が正しく連携されていなかった，労務管理システムから扶養家族の変更がタイムリーに連携されていなかった，というような他システムとの連携にその原因がある場合がある。

　それが人為的な原因で起こるのであれば，担当者を介して処理を行うことは排除すべきである。**毎年のように実施される法改正対応はもちろんのこと，雇用保険料率については毎年，労災保険料率・労務費率については3年ごとに見**直しがされているので，この対応も間違いなく確実に行わなくてはならない。**独自に開発しているシステムであるとメンテナンスミスがあり得ることを明記**しておきたい。その点，パッケージ利用の場合は，その計算を誤ることはまずなく，ここにも開発しないシステムのメリットを挙げることができる。

（2）他システムとの連携

　給与計算を正確に行うために他システムとの連携が必要であると述べたが，**勤怠管理の情報を給与計算システムへ連携することや，給与計算の結果を会計システムへ連携することが考えられる。**特に製造業の場合は，社内人件費は原価管理の大きな割合を占めるので，作業時間と単価の管理が重要となる。また，社員の立替経費などの精算を行う際には，給与計算システムで管理している社員の銀行口座に振り込むことになるので，連携が必要になる。

（3）給与計算のアウトソーシング（代行）

　給与計算は，各社の個別な複雑性はあるものの，基本的な要件は各社同じは

ずで，パッケージ導入の対象としやすい業務である。それがゆえに，パッケージ導入のみならず，給与計算自体をアウトソーシングし（代行させ），自社でシステム自体を管理しないという形態での業務遂行も可能である。

　給与計算をアウトソーシングすると，次のメリットを得ることができる。

---

① **専門家による正確な給与計算**
　アウトソース先の会社は，その業務を専門的に行っている会社であり，**チェック体制なども整っているといえるので，ミスなどが起こりにくくなり，法令改正にも即時に的確に対応できる。**
② **給与計算の属人化防止**
　給与計算業務は専門知識を要し，社内での担当が属人化しがちで他に相談相手もいなくなってしまう領域となる。**アウトソーシングすることで属人化を解消し，担当者の心理的・肉体的負担を軽減**させることができる。
③ **コスト削減**
　社内で担当すると人件費を含めて結構な金額になるが，アウトソーシングによってコスト削減を図ることができる。

　一方，給与計算をアウトソーシングすると，**導入初期と制度変更時に費用がかかる**ことに注意しておきたい。

　アウトソーシングは，その企業に合わせた運用設計を考慮する必要があるので，導入初期に費用がかかるし，給与制度等が変わればその都度費用が発生する。制度が複雑な場合や制度変更をよく実施する会社は気をつける必要がある。

7　従業員満足度と従業員エンゲージメントを高めるシステム

（1）従業員満足度を高めていく必要性

　従業員満足度とは，職場環境，働きがい，人間関係，福利厚生，給与などの

要素で計測される従業員の満足度のことである。従業員満足度は英語で「Employee Satisfaction」と呼ばれ，よくESと表現される。

　従業員満足度の向上は経営者や人事管理者が取り組むべき重要な施策のはずで，従業員満足度が高い企業は生産性も高くなり，結果的に顧客満足度が向上し，それが業績向上につながって，株主価値が上昇していくのである。

（2）従業員エンゲージメントの向上も必要

　従業員満足度だけでなく，近年，従業員エンゲージメントを高めていくことが大切であると言われている。従業員エンゲージメントは，企業に対して愛着や信頼感を抱いている状態であり，従業員が企業や現在の仕事内容に価値を見出して，組織や同僚を信頼して貢献したいと思っている状態のことである。エンゲージリング（婚約指輪）という言葉があるように「engagement」には約束，婚約などの意味がある。

　従業員満足度は会社や現在の仕事，職場の人間関係などにどの程度満足しているかを示す指標であって，「自発的に貢献したいという態度・意欲・姿勢」とは異なる。

　日本ではバブル経済以降長く続いた不況，成果主義人事制度の導入によるセクショナリズムの横行なども影響し，日本企業で昔は強いとされていた，社員の会社に対する忠誠心やエンゲージメントは現在決して高いとはいえない状況にある。少子化に伴う採用難や働き方改革による残業時間の抑制に対応していくため，生産性を高めていくことが必須要件となり，そのために従業員エンゲージメントを高めていくことが求められている。

（3）エンゲージメントを高めることによるメリット

　エンゲージメントを高めることで，退職による人材流失の抑制や社員のパフォーマンス向上などを期待できる。人材流失を抑えることができれば，組織

としてのスキルレベルを保った業務の安定的な遂行も期待できるし，さらに社員のパフォーマンス向上は，アウトプットの質・量や顧客満足度の改善にも結びついて業績向上をもたらし，その結果として，組織全体が活性化し，ポジティブな影響をもたらすことにつながる。

（4）満足度とエンゲージメントのサーベイ（調査）

　満足度やエンゲージメントを向上させるためには，組織の現状を客観的に把握することが不可欠で，現状を把握した上で，理想とのギャップを解消するための施策を継続的に実行していくことになる。

　そのため，現状を客観的に把握するために，適切なサーベイツール（システム）の活用が有効的で，そのことによって社員の「本音」を知り，組織全体の状態を可視化，結果をもとに現状の組織に必要な手立てを打つことができる。

　サーベイは社員の心情やモチベーションを把握するのに有効な手法である。ただ，設問設計が非常に重要であるため，どのような項目をどのような文面で調査するかは自社だけで組み立てていくのは難しく，パッケージ（システム）で提供されているものを活用することがよい。満足度やエンゲージメントを高めていくと言葉で言うのは簡単であるが，表層的な施策や調査結果から短絡的な解釈をしてしまい，実際の成果に結びつかないという例は多くある。

（5）サーベイの項目例

　アメリカのギャラップ社が行った全世界1,300万人のビジネスパーソンを対象とした調査では，エンゲージメントを測定するたった12の質問により，この数値が高くなればなるほど，会社の業績（生産性，利益，従業員定着率，顧客満足度）も比例して上昇するとの結果となった。

> ・あなたは，仕事で何を期待されているかを知っていますか
> ・あなたには，仕事をきちんと行うに十分な環境がありますか
> ・あなたには，仕事で成果を出すための十分な機会がありますか
> ・過去1週間で，成果に対する評価や賞さんを得られましたか
> ・上司や同僚はあなたのことを気にかけてくれますか
> ・職場にあなたを励ましてくれる同僚はいますか
> ・あなたの意見は尊重されていますか
> ・あなたの会社の使命や目的は，仕事に誇りを与えてくれますか
> ・あなたの同僚は成果を出すことにコミットしていますか
> ・あなたは職場に親友がいますか
> ・過去6カ月間で，あなたの仕事の進捗について誰かと話しましたか
> ・昨年，あなたは学び成長することができましたか

（6）サーベイ・ツール（パッケージ）の活用

　ここまで，満足度やエンゲージメントを高めていくことの重要性とそのためのサーベイ方法について紹介してきたが，経営者はこのようなことを人事管理システムの中で実施しようと考えるであろうか。

　人事管理システムの中には，サーベイ機能を有しているものがある。それは質問項目だけでなく，オンラインでアンケートを設計，送信し，分析するためのものであるので，サーベイの実施から集計まで活用するとよい。

第 6 章

テレワーク時代の
システム

テレワークは在宅勤務と同義だと思われがちである。しかし，テレワークは「離れた（Tele）」と「仕事（Work）」を掛け合わせた造語であり，「情報通信技術（ICT）を使った時間や場所にとらわれない働き方のこと」をいい，単に自宅で仕事をする在宅勤務とは異なる仕事の進め方である。

その意味から，営業担当者が出先で仕事をすることもテレワークの一種といえる。しかし，単に出先で仕事をすることがテレワークではなく，パソコンやスマホなどのITツールを活用することがテレワークであるため，昔からの内職のような自宅に持ち帰る業務はテレワークとは異なる。

日本で最初のテレワークが導入されたのは，1984年に，ある電機メーカーが育児や介護のためにテレワークを勧めたこととされている。そして1990年，分散型オフィスの推進委員会を当時の通産省が設置し，翌年には一般社団法人日本テレワーク協会を郵政省（現・総務省）などの省庁が設立している。

このように，テレワークは新しいものとはいえず，長らく導入・進展が進んでこなかったが，コロナ禍によってテレワークが一気に加速，いや，余儀なくされてきた。

1 テレワーク時代の到来

（1） 3種のテレワーク

テレワークによる就業形態は，次の3つに分類できる。

①　在宅勤務

自宅を就業場所とする働き方である。従業員からすると通勤時間がなくなるというメリットがある反面，会社の中での他の就業者がどのような仕事をしているかを把握しづらいとのデメリットもある。

②　サテライトオフィス勤務

勤務するオフィスとは別に，社内専用サテライトオフィスや共用オフィスで勤務する働き方のことをいう。共有オフィスとして会社がシェアオフィスやコワーキングスペースと契約を行い，従業員が利用できるようにする会社もある。

③　モバイル勤務

スマホやノートパソコン等を用いて，移動中の交通機関や取引先，カフェ，ホテルなどを就業場所とする働き方で，コロナ禍に関係なく従来から行われている。

モバイル勤務はテレワークの一種である。コロナ禍でワーケーション（“ワーク”と“バケーション”から作られた造語で，休暇で滞在している観光地や帰省先などで働くこと。仕事と休暇を両立させる働き方として注目されている）も期待されているが，これもモバイル勤務の1つとなる。

（2）テレワークをするために必要なこと

　テレワークはICT（情報通信技術）を活用することであり，テレワークを行うためには，①IT機器の整備，②ネットワークの整備，③セキュリティの確保，④離れていることを感じさせない，⑤生産性を下げない，ことが必要になる。

①　IT機器の整備

　テレワークを行うためにはパソコンやスマホが必要となるが，そのための機器を会社が支給するとそのコストも相当の負担となる。また，利用者は個人でパソコンやスマホを所有しているので，モバイル勤務の際には，会社支給のものと2台持ちになる面倒さもある。

　そこでBYOD（Bring Your Own Deviceの略で，従業員が個人で所有しているパソコンやスマートデバイスを業務で使うこと）が注目されている。

　BYODを導入すると，コスト削減，使い慣れている端末利用による生産性向上，2台持ちの排除などのメリットがある反面，セキュリティリスクが高まり，運用ルールを徹底せねばならないデメリットもある。

　セキュリティについては，仮想デスクトップ（端末のハードディスクにデータを格納しないため，端末を紛失した場合でも情報漏えいはない）などの対策を講じた技術が登場してきている。

②　ネットワークの整備

　テレワークをするためにはネットワークが整備されているという前提が必要である。その点，インターネットが普及して役立っているといえるのだが，インターネットは公衆回線であり，それだけではセキュリティ上，十分とはいえない。本来，会社とテレワーク拠点とのネットワークは公衆回線でなく専用回線であるべきであるが，専用回線を整備するにはコストがかかるし，何より，モバイル勤務のための専用回線は現実的ではない。

そこで，VPN（バーチャル・プライベート・ネットワーク）というインターネット（本来は公衆網である）にまたがって，プライベートネットワークを拡張する技術を講じることなどが必要になってくる。

③　セキュリティの確保

テレワークを行うためには，セキュリティの確保が必要である。そうした環境がしっかり整わず，自宅で個人所有のパソコンなどで仕事を行うことがあるとすれば，その情報は第三者に漏れてもよい覚悟を持っておくべきであり，出先のカフェ等で仕事をする場合に，公衆Wi-Fiを利用することがあれば，その情報はすべて盗み見されていると思うほうがよい。

どんなに万全なセキュリティ対策を施したとしても100％になることはない。その過信や油断が大きな事故のきっかけになってしまう。

④　離れていることを感じさせない

テレワークは通勤や移動時間の削減というメリットをもたらすが，仕事は個人で行うものではなく，会社全体で物事を進めていくための感覚をもっておくことが重要である。例えば，メールやチャットで仕事のやり取りができるが，面前でひと言伝えることの良さは排除すべきでないし（メールやチャットでの依頼ログが残るメリットはある），会議にしても資料と議事録を見ればよいと思うだけでなく，物事が満場一致で即座に決まったのか，白熱した議論の後に決まったのか，そのようなニュアンスを合わせて把握しておくことも必要である。なぜなら，同じ決まりごとであっても，その決まり方によっては次への推進力をあわせ持っているかに影響するからである。

したがって，単にオンライン会議の環境やメール・チャットによるコミュニケーションを整備するだけでなく，パソコンの画像を大画面に映し出し，その画面上で直接操作したり，書き込んだりすることができる機器に投資したり，ノートパソコンに標準装備されているカメラとマイクだけでなく，視野角を広げるカメラや音声を明瞭に伝えるためのマイク，発言者や進行役にカメラを向

けられる機能があるものなどのを導入したりすることを検討することも考えられる。

⑤　生産性を下げない

　テレワークを行うと，オン／オフのメリハリがつかないことや長時間労働になりがちなデメリットがある。さらには，労働時間の割には成果が上がらず，生産性の低下が表面化してくる。

　テレワークによって生産性が下がる原因には，自己管理が苦手（上司が前にいないと仕事が進まない），コミュニケーションが難しい，机・椅子・ディスプレイなどのハード面の不備などがある。反面，周りの環境に左右されず，業務進行に最適な場所と時間帯に自分のペースで仕事ができることによって生産性を向上させる効果もある。

　要は，テレワークが適する業務と適さない業務とのメリハリをつけ，適さないものを補う施策を講じていくことが必要になる。

（3）テレワークの効果（メリット）

　テレワークは，社会，企業，就業者の3方向に様々な効果をもたらし，テレワークによる働き方改革が普及することで，一億総活躍，女性活躍を推進することが可能になるとしている。

　具体的なメリットにどのようなものがあるかを説明する。

①　新規雇用の促進・離職防止

　最近の就活者は，企業を選択する基準に在宅勤務やサードプレイスでの就業も可とするかという点を重視し，ある職業紹介サイトではテレワーク制度導入の有無を検索の選択肢としている。

　離職防止の観点からも，育児や介護といったライフイベントと仕事の両立を図るにあたり，就業場所にかかわらずとも業務が可能となるテレワーク制度は

【テレワークの効果】

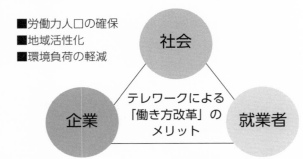

■労働力人口の確保
■地域活性化
■環境負荷の軽減

社会

テレワークによる
「働き方改革」の
メリット

企業

就業者

■生産性の向上
■優秀な人材の確保・離職抑止
■コストの削減（ペーパーレス等）
■事業継続性の確保（BCP）

■多様で柔軟な働き方の確保（WLB）
■仕事と育児・介護・治療の両立
■通勤時間の削減

（出所）総務省ホームページ（https://www.soumu.go.jp/main_sosiki/joho_tsusin/telework/）

魅力的であり，就業継続を可能とさせることだろう。

② 業務生産性の向上

　サテライトオフィス勤務やモバイルワークが業務生産性を高めることができるのは，移動時間や通勤時間を短縮し，その短縮した時間を業務に充てられるからである。在宅勤務となるとその時間はゼロとなる。首都圏にオフィスがある企業に勤め，１日往復４時間以上を通勤時間に費やす人も少なくない。

　非テレワーカーに対し，テレワーク制度を導入してほしいとの理由を調査したところ，第１位が「通勤時間・移動時間が削減できそうだから」との調査結果があるほどである。何はともあれ，通勤時間・移動時間の削減自体が生産性の向上となるとの考えである。

　経営者には，在宅勤務を導入すると自宅で就業をサボることを危惧する方もいるが，通勤時間・移動時間で体力気力を消耗して会社で就業することを考えれば，このメリットは無視できない。在宅勤務における留意事項は別途述べるとして，通勤時間・移動時間の削減による生産性向上効果は大きい。

③　障害者雇用の促進

　企業の障害者雇用に関して，障害者の法定雇用率は民間企業で2.2％となっており，令和3（2021）年3月1日から2.3％に引き上げられる。

　通勤が就業のハードルとなる障害者にとって，テレワークの1つである在宅勤務は願ってもいない制度であり，障害者雇用の促進について有効に働く。

④　事業継続性（BCP：Business Continuity Plan）の確保

　BCPとは，企業が緊急事態に遭遇した場合において損害を最小限にとどめつつ，事業の継続あるいは早期復旧を可能とするために緊急時における事業継続の方法，手段などを取り決めておく計画のことである。

　地震などの災害に備えるリスク管理が注目され，近年は地震だけでなく，水害や他の災害などの緊急事態対応が必要となるため注目されている。

　新型コロナ対応においても，緊急事態宣言下，やむを得ず在宅勤務を促した企業が多かっただろうが，今後，BCP策定に際して，テレワークの重要性はますます高まってくるものといえる。

⑤　コスト削減

　テレワークの導入にあたっては企業にとって負担が多く，コスト削減ではなくコスト増になると思われる人もいるだろう。コスト増の内容としては，在宅勤務用のパソコンやセキュリティ対策，通信端末の用意があげられるほか，場合によっては在宅勤務時の光熱費や通信費も会社負担の費用とする企業もある。

　ただし，テレワーク導入の初期コストに注目しがちだが，長期的に見るとコスト削減の効果も大きい。一般社団法人日本テレワーク協会が開催している「テレワーク推進賞」の事例集では，次の事項のコスト削減効果があるとしている。

> ・紙・プリンター複合機関連コスト
> ・出張・移動旅費・通勤手当
> ・水道光熱費
> ・オフィス用具（机・椅子等）
> ・テナント料（家賃）

　上記は効果が早く出ると思われる項目から順である。紙・プリンター複合機関連コストは，紙の使用料だけでなく，出力の手間や保管費用についてもコスト削減が望める。

　テナント料（家賃）については，一定数の従業員の在宅勤務化によるオフィスの減床となり，就業用のスペースだけでなく，会議スペースの削減にもなる。

2 テレワークの弊害と推進ポイント

　建設現場やホテル・飲食業界，および物流や交通関係は，仕事の特性上テレワークはできない。なぜならテレワークの対象は主にデスクワークとなるからである。しかし，デスクワークでもテレワークを推進できない事情もある。

（1）指示・命令・報告型の管理職

　テレワークになると管理職がマネジメントし切れないとの声を聞く。また，コロナ禍でテレワークが続くと管理職不要論が起こり，組織の階層が減ると，トップの意向を直接現場に伝えやすくなり，またその逆で現場の意向もトップに伝えやすくなるので，双方向のコミュニケーションがスムーズとなる場合がある。テレワークが定着してくると，部下を監視することに固執するような管理職は不要となっていくのである。

　テレワークになると職場の一体感が薄れる，周りに社員がいないと不安とい

う感覚を持つ企業にはテレワークは浸透していかない。管理職の指示・命令が
ないと仕事をしない，管理職が部下に頻繁に報告を求める，必要性が薄いのに
社員に出社を促す，という行為はその会社のテレワーク普及の障害となる。

（2）テレワークを阻むハンコ（印章）の慣習

　在宅勤務なのに，ハンコを押すために出勤を余儀なくされたことを経験して
いる人は多いだろう。ハンコを押すことで文書が本物かどうか，証拠能力があ
るかどうかを認証するが，社内では押印が廃止されたり，社内決済の電子化が
進んだりしている一方，社外との契約書，請求書，納品書などの文書のやりと
りで押印することが日本の長年の商慣行としてある。

　在宅勤務になっても，出社が必要とされる理由は次のとおりであるが，**契約
書や請求書をEDI（Electronic Data Interchange）による電子契約システム
で代替**すると，押印のための出社が必要なくなるので，EDIに切り替える企業
が増加している。

---

　①　取引先から送付されてくる書類の確認
　②　請求書など取引先に送る書類の作成，確認
　③　契約書や決裁文書などへの押印作業
　④　社内システムへのアクセスのため（アクセス制限がある）

　ここでの①と②は表裏一体で，②があるから①が必要となる。

　日本でハンコが使われるようになったのは，大化の改新の後，701年の大宝
律令の制定とともに官印が導入されてからであると考えられている。歴史の勉
強はともかく，江戸時代以降は行政文書にとどまらず，経済活動の発展に伴っ
て私文書にもハンコを押す習慣が広がり，商取引，貸証文，個人保証に至るあ
らゆる証書書類にハンコが用いられるようになっているのが日本の実情である。

　法的には契約書に押印がなくても有効とみなせることが多いが，日本では昔
からの商習慣で，契約書のみならず認証を必要とするような**書類（請求書，納**

品書，領収書）には押印が必要であるとの固定観念が強い。

　そんな状況下，コロナ禍で契約書に押印をしなくても法律違反にならないとの見解を令和2（2020）年6月に政府が発表した。また，契約書だけでなく，電子契約や電子証憑などができるよう法整備がされてきているので，文書・ハンコが必須だと思い込まず，最新の法令と要件を見定めていくことが望まれる。

（3）制度・ルールの整備

　テレワークの導入により，既存の制度やルールについて改定または新設の検討が必要になってくる。

　テレワークの利用申請や承認などのルールも決める必要があり，さらに日常的にどのように利用申請するのか，例えば，1週間前までに上司に申請するのか，前日までに申請するのか，それとも上司が命じるのか，などである。

　テレワーク時のコスト負担についても取り決めが必要である。自宅でテレワークを実施する場合に必要な通信費や光熱費，ICT機器などの費用負担については，あらかじめ決めておき，できれば就業規則に定めておくことが望まれる。

（4）労務管理制度の見直し

　労務管理制度についても見直すことが必要になる。多くの企業は，テレワーク導入で労務管理制度を変えていないが，労働時間管理や在宅勤務者の評価をどうするかの課題が挙げられている。

　在宅勤務だと労働時間の把握が難しい。しかし，労働基準法では労働時間，休日，深夜業等について規定を設けていることから，会社は労働時間を適正に把握することと労働時間を適切に管理する責務を有している。そのため，テレワーク制度を利用してプライベートと就業の場所が一体となり，労働時間の把握が難しくなったとしても，オフィス勤務と同等の管理が求められる。

在宅勤務に合わせてフレックスタイム制度の導入機運も高まってきている。そのためには，就業規則で始業および終業の時刻を労働者の決定に委ねる旨を定めた上，一定の事項を就業規則と労使協定で定める必要がある。その際，テレワークに必要なICT機器の費用負担等も合わせて改定することが望ましい。

（5）文書の電子化

ICT機器を利用してテレワークを導入しようとしても，文書が電子化されていないと，ICT機器を利用してもテレワークで業務を遂行することは困難である。したがって，紙の文書をどのように扱うかが課題となる。

社内の文書でも，どのような文書を電子化していくのかを明確にし，場合によっては文書管理規程などの改定も必要となる。頻繁に参照する必要のある文書は電子化するほうが，テレワークだけでなくオフィスで仕事をする上でも，検索の容易性が実現でき，保管スペースの削減にもなる。

（6）教育・研修（意識改革）

テレワークによる効果を高めるためには，導入時の教育・研修が不可欠である。教育には，「社内の認識の共有，意識改革を図るための啓発」と「円滑に業務を実施するためのガイダンス」の2つの目的がある。なぜテレワークを実施するのか，その目的と必要性をテレワークの対象者だけでなく，従業員全員が理解することが必要となり，組織全体でテレワークを有効活用して，業務の生産性を上げていくという意識を持つことが大前提となる。

3　テレワークを推進するICTソリューション

本書は，**開発しないシステム**を提唱するものであるが，この本質は自社要求

を満たすシステムを開発するのではなく，世にあるICTソリューションを探して，それを利活用していくことにある。

テレワーク時代になって，多くの会社がZoom，Microsoft Teams，Skype，Google MeetというようなWeb会議ツールを利用している。もし，このような仕組みを自社開発するとしたら相当の期間とコストを要してしまう。何より，取引先とコミュニケーションをとろうとしても，自社開発ツールで社外の人とのWeb会議をすることは面倒になる。そうした背景もあり，Web会議は世間で広く利用されているツールに頼ることになる。

これより，テレワークを推進するツール・ICTソリューションにどのようなものがあるか，活用していく上での留意点を説明する。

（1）リモートアクセス

これまで「〇〇〇〇のため」に会社に行かなければ……という経験をされている方も多いと思う。この「〇〇〇〇のため」の多くは，書類の授受・提出・押印であり，次のようなことがある。

---

① 立替経費の精算
② 勤務表の提出
③ 決裁文書，見積書，発注書，契約書等への押印
④ 請求書の受領と内容確認，請求書の発行
⑤ 会社内に保管している文書の閲覧

また，業務のシステム化が進んでいるとしても，そのアクセスが社内の拠点からしかできないとの制限をかけている場合もある。

したがって，書類の授受・提出・押印の電子化やセキュアな環境でシステムにアクセスすることができるツールがあるとよく，そのため，手元のパソコンにデータが一切残らない仮想デスクトップを活用することを検討するとよい。

①　立替経費の精算

会社での立替経費の精算が以下の流れになっているとする。

・エクセル等によって作成された会社所定の様式に社員が記載
・その様式（申請書）を出力して領収書などの証憑書類を添付
・その申請書に上長が押印する
・その申請書を経理部門に回覧し，経理部門から社員の口座に振り込む

このように紙に依存している業務プロセスであれば，立替経費の精算のために出社せざるを得ない状況を打開することはできない。

電子帳簿保存法によれば，ほぼすべての文書に対して電子データでの保存ができることになっているため，**業務を紙で行わなければならない理由は見当たらず，リモートでの立替経費の精算は可能である。**

市場には，クラウド型の経費精算システムが多くあり，ほとんどが次の機能を有している。

・領収書などの証憑をスマホで撮影でき，どこからでも申請が可能
・申請一覧をどこからでも閲覧でき，承認することが可能
・承認された経費が自動的に会計システムに連携される

クラウド型の経費精算アプリで世界的にシェアの高いコンカー社では，"時間"と"コスト"について，以下の試算を公表している（https://www.concur.co.jp/receipt-monster/nichoen）。

＜個人が経費精算に費やす"時間"と"コスト"＞
・１カ月当たりの経費精算にかける平均時間：48分/月
・その中でも，領収書の「のり付け」に要する日数：12日/生涯

・経費精算に使っている労力を人件費に換算：144万円/生涯
<日本全体の経費精算に費やすコスト>
・雇用者の人件費：1.8兆円
・紙原本の保管コスト：3,000億円
・税務コスト：1,000億円

② 勤務表の提出

　会社は，社員の勤務状況を把握し法令や就業規則に則った働き方ができているかを管理するために，法令等で定められている労働時間を守り，正しい賃金を支払うことの仕組みを有しておく必要があり，会社としても「労働時間の客観的な把握」が義務化されている。

　そのため，**タイムカードによる記録やパソコンなどの使用時間の記録**などによって出社を把握することから，それらを客観的な記録としている。

　テレワークの課題に，オンオフの区別をつけづらいことがある。経営者側としても社内勤務の社員に比べて，在宅勤務などのテレワークで業務を進める社員の勤務時間，労働状況，勤務態度などは把握しづらく，労務管理が難しいという実態がある。そのため，従業員の始業時刻や終業時刻，勤務状況を確認できる手段が必要となり，それには次のようなツールがある。

・パソコンのログイン/ログオフ，スマホ，タブレット，チャットツール，Apple watch，Google homeからの勤怠打刻が可能となるもの
・パソコンのスクリーンショットを不定期に記録し管理者に提供するもの
・外勤社員の出勤から退勤をスマホ利用によりGPSとともに記録
・勤務開始前に着席ボタンを押すと，デスクトップ画面のキャプチャが定期的に管理者に自動送信されるもの。自動送信されたデスクトップ画面を管理画面から確認できるため，上司が部下の仕事を把握しやすくなる

③　決裁文書，見積書，発注書，契約書等への押印

　紙での押印を前提とする業務では，社内だけでなく，取引先との書類のやり取りも郵送，受取が発生することになるので，**電子契約システム**を導入し，これらの煩わしさを回避することができる。

　電子契約システムによって，印刷や郵送などの手間暇の排除やコスト削減だけでなく，書類を電子化することによって，製本，保管作業とコストの削減，検索が容易になる。また，文書を電子化することによって書類の紛失リスクを軽減することができる。

④　請求書の受領と内容確認，請求書の発行

　請求書はサービスや商品の代金を請求するために使われる書類で，多くの場合に，請求行為を押印がある書面で行っているが，法律上は請求を口頭で行うことも，押印がない請求書を使用することも認められている。

　なぜ，請求書への押印が慣習化しているのかと分析すれば，偽造された請求書で誤った支払をしないためと推測される。いわば，振り込め詐欺を防止するようなものである。

　実際に請求書に押印されている印鑑は実印でも銀行印でもない角印が使われることが多い。角印は100円ショップでも売っている認印とは違って立派な印影であるが，実体としては認印にすぎない。

　昨今，多くの請求書発行ツールが登場してきている。請求書の要件は紙に押印がされていることではなく，正しいものであることである。紙と押印がなくてはダメという理屈で請求書発行ツールの導入を反対する理由はない。

⑤　会社内に保管している文書の閲覧

　テレワークで仕事をしていると，何らかの文書を参照する必要がある場合に直面する。そのためにわざわざ出社する必要が生じるものである。紙文化を脱し，ペーパーレス化を進めようとは，この何十年いわれていることであるが，

大して進んでいないのが実情といえる。

　文書を紙で保存することは，公文書改ざん問題で見られるように，内容の改ざんを引き起こす可能性がある。文書を電子化することによって改ざん（変更）記録や，閲覧できる人のより厳格な管理を行うことができる。

　電子化すると情報漏えいリスクが高まると思う人がいるが，電子化ツールによっては，**画面上でのみファイルを参照でき，ダウンロードや印刷ができないようにする機能制限**がある。また，社外の人にメール等で文書を送付する際には，「ファイルのURL」だけを伝えるようにし，仮にURLが漏えいしても，ログインできないユーザーは文書を参照できないため，安全に情報を共有できる。さらに，**電子署名記録を残し，閲覧や承認状況を一目で確認できる機能**を使えば，**押印のために出社する必要性もなくすことができる**。

　テレワークに関係なく，**クラウドの文書管理システム**を導入する会社が増えている。会社内でも別拠点（支店，営業所など）とのやり取りはインターネットを介することが多い。それならばいっそのこと，文書管理はクラウド環境のみにしておくことも考えられる。

（2）コミュニケーションを高めるツール

　テレワークはいわばリモートワークであるが，あたかも近くにいるようなコミュニケーションをとれるようにすることは大事である。また，近くにいることと疑似的な環境を実現するだけでなく，ツール（パッケージ）の利用により，**コミュニケーションの記録をとることを容易にするメリット**もある。

①　Web会議システム

　コロナ禍でヒトと会うことを制限し，それによって会議や打ち合わせがなくなり，その代わりに多くの社員がWeb会議システムを利用するようになった。

　コロナ禍の緊急事態宣言等によって，突然，在宅勤務を余儀なくされWeb会議システムに頼らざるを得なくなり，その緊急性と不要なコストを抑えるた

めに無料（もしくは廉価）の仕組みを導入している企業が多いが，可能な限り対面での環境に近づけたい。また，次のWeb会議の特徴を生かしておきたい。

・画質，音質を高めること
　　音声の途切れや遅延を回避し，臨場感のある画質，音声を実現すること
・カメラ操作
　　パソコン内蔵のカメラだけでなく，発言のたびにカメラを操作したり，視聴者の映像を投影する機能があるとよい
・資料の共有
　　配付資料の印刷やプロジェクターのある環境である必要はない
・録画・録音だけでなく，文字起こしができるものもある
　　会議の後には議事録をとることが求められるが，録画・録音できるのは当然のこと，**ツールによっては議事録の文字起こしができるものもある**

対面の会議や打ち合わせでは，ノンバーバルコミュニケーション（非言語コミュニケーション）が重要となる場合がある。ノンバーバルコミュニケーションは，表情や視線，身振り手振りに姿勢，声のトーンといった言語以外を用いるコミュニケーションのことであり，時と場合によっては声による発言より大きな影響をもたらすこともある。Web会議で実現するのは難しい面もあろうが，**ツール選びの際には少しでもノンバーバルコミュニケーションができるものを勧めたい。**

②　社内SNS

社内SNSもテレワークを導入する際に使われるツールである。メールと違って気軽にコミュニケーションできるので，社員同士の情報共有を迅速に行うことができ，業務の効率化が図られ，また，他部門に所属する社員とも気軽にコミュニケーションがとれることにより，社内に一体感が生まれやすいというメリットもある。

③ チャットの活用

　社内SNSでも，複数のメンバー間での状況共有や，メールより気軽な連絡ができるチャットをうまく活用するとよい。チャットといってもピンとこない人もいるかもしれないが，SNSのコミュニケーションをグループで行うもので，家族で行うLINEグループのビジネス版のようなものである。

　チャットのメッセージには，メールのような文頭の挨拶や定型的な締めの言葉は不要で，短い言葉やリアクション機能を使ってスピーディーに反応する。メールにはないチャットならではの機能が絵文字で，仕事を依頼した時の感謝の思いや，強い思いをもったお願いの気持ちをイラストなどの絵文字で表すと，時には会うこと以上の効果をもたらすこともある。また，「お願いします」「ありがとう」を可視化するツールもある。

　文字に残らない会話や電話のコミュニケーションは，聞き間違いによる誤解が生じることや，後になって振り返ることができない点がデメリットであるが，チャットの良いところは，勘違い・誤解がなく，後になっても振り返ることができることである。

　チャットはWeb会議ツールに付属しているので，追加コストを負担することなく利用できることから大いに活用することをお勧めする。チャットは雑談ツールとしても活躍する。テレワークでは通常，社員間の雑談ができない状況となっているが，雑談自体は仕事を円滑に進める上で有効なコミュニケーションでもあるので，節度をもって活用したい。

④ 会社の内線，外線電話との連動

　テレワークは，会社と離れた場所で仕事をするので，会社の電話の応対はできないものと思ってしまうが，スマホで会社の電話番号での発着信を可能にするツールがある。

（3）セキュリティ対策

　テレワークは，在宅勤務でデスクトップパソコンを利用する場合を除いて，モバイル端末を利用することが前提となるので，どうしても端末の紛失・盗難リスク，ウイルス感染，不正侵入，情報漏えい等へのリスク対応が必要になる。

①　リモートデスクトップと仮想デスクトップ

　Windowsのパソコンを使用するに際しては，リモートデスクトップと仮想デスクトップの意味を理解しておくことが大切である。

　リモートデスクトップでは，2つの拠点間で一方が他方のコンピュータを操作することが可能となる。通常の場合，自分の端末に表示された相手方のデスクトップを経由して，相手方のコンピュータを操作することとなる。

　仮想デスクトップは，1台のサーバに複数の仮想的なデスクトップ環境を構築し，それらの環境を他の端末から操作することが可能になるものである。

　このような技術は2010年頃から存在していたが，通信速度がボトルネックとなっていた。その後，各メーカーの技術革新や次世代通信技術により，最近では，会社にあるパソコンと同等の操作性を得ることができるようになっている。

　特に仮想デスクトップの場合，**データはデータセンターに保存されるためセキュリティ面のリスクが低く**，端末にハード面の障害が起こったとしても保存したデータに影響が及ばない，使用するにあたって端末や場所の制約を受けない，というメリットがある。

②　情報漏えい対策

　情報漏えいの原因は大きく「人的ミス」と「不正アクセス」の2つに分けられるが，人的ミスのほうが圧倒的に多く，その例としては「紛失・盗難」「誤送信」「管理ミス」などである。人的ミスの防止には王道はなく，それこそ基本的なことを忠実に着実に続けていくことである。

パソコンを紛失しても，仮想デスクトップであればパソコンにデータが保存されていないため，情報漏えいの点で安心である。

③　メールの誤操作防止対策

情報漏えいはメール送信の誤操作でよく起こっている。メールの宛先を間違えたり，添付書類を間違えたり，である。モバイル端末はデスクトップ端末より小さいことが一般的で誤操作を誘発しやすい。

メール送信の誤操作防止は，単に注意喚起を呼びかけるだけでなく，宛先の制限や，添付ではなくアクセス制限機能を加えたURLによる方法，メール送信の一時保留（間違ったと気づいた場合に取り消せる），上長承認機能の追加など，メールの誤操作防止対策のツールがあるので検討されたい。

④　ウイルス感染対策

不正アクセスをされてしまう原因に，コンピューターウイルスへの感染がある。感染すると，第三者がコンピューターに侵入し，ファイルサーバやWebサーバにまでアクセスし，組織内のパソコンに被害が拡大する可能性がある。そのため，モバイル端末の利用には十分なウイルス対策を講じておくことが必要になる。

＊　＊　＊

この他，多くのテレワーク用のツール（パッケージ）があるが，検討に長い時間をかけるより，無料試用やスモールスタートによって，まずは使ってみることにより善し悪しを判断されることを勧める。

4　テレワークの導入プロセス

テレワークを導入する際には課題も発生してくるので，厚生労働省が運営するテレワーク総合ポータルサイト（https://telework.mhlw.go.jp/intro/prs/）

を元に，テレワーク導入のポイントを紹介する。

（1）導入の検討と経営判断

　どんな仕事にも共通することであるが，何かをしようとする際には導入目的を明確にすることが肝要である。その目的によって，在宅勤務，サテライトオフィス勤務，モバイル勤務，の3種のテレワークの導入方法が変わってくる。

　テレワークは在宅勤務の形態を想像しがちであるが，例えば営業職が多い職場の場合には，在宅勤務よりも多くのサテライトオフィスを配置するほうが効

【テレワークの導入プロセス】

果の高い場合もあるし，外部とコミュニケーションをとることが少ない職種では，パソコンやスマホを会社支給する必要はない。

テレワークは，単に就業環境の整備や福利厚生の充実だけでなく，会社の経営上の戦略として位置づけ，テレワーク導入目的を各部管理職層，社員へと浸透させなければ導入効果は見込めない。そして，目的を定めたなら，すぐに導入へと進めるのではなく，まずは導入の基本方針を策定し，それを広く社員に周知し，全社で関心と協力を得ることが大切である。

（2）推進体制の構築

導入目的と基本方針ができると，各部のトップが参画した上でプロジェクトを結成してテレワーク導入の推進体制を構築する。テレワークというと，総務部門が中心となることが多いが，対象者の決定や，テレワークにする業務の判断など，現場部門（導入対象部門）の参画なくしてテレワーク導入は成功しない。

テレワーク推進の参加部門は，経営企画部門，総務・人事部門，情報システム部門，導入対象部門などであるが，重要なのは，導入対象部門のトップにテレワーク推進のリーダーになってもらうことである。総務・人事部門が導入の重要性をいくら訴求しても，現場部門はなかなか動かない。現場部門のトップがリーダーシップを発揮するとテレワークをスムーズに導入することができる。

（3）現状把握

テレワークを検討するために，どのような業務を行っているかの分析を行う。

① テレワークの5W1H

業務分析の目的は，導入するテレワークの5W1Hを明確にするためであり，例えば，在宅勤務制度を導入する場合の5W1Hは以下のようになる。

Why（目的）：なぜ？	テレワークを導入する基本方針の再考
What（就業内容）：なにを？	どの業務をテレワークとするか
Who（対象者）：だれが？	従業員全員か，一部の従業員か
When（対象期間）：いつ？	通年実施か，非常時か，企業が定める期間か
Where（就業場所）：どこで？	自宅の就業環境，サテライトを設けるか
How（方法）：どのように？	ICT機器，ツール，セキュリティなど

② **業務分析のチェックポイント**

業務分析を行うに際しては，次のチェックポイントを参考にするとよい。

業務時間：業務にかかる時間がどれくらいか
使用文書：どのような書類を利用しているか，紙か電子媒体か，電子化の必要
　　　　　な文書はどれくらいか
個人情報：業務上取り扱う個人情報などはあるか
システム：テレワークでも実施可能なシステムが揃っているか

こうした分析をした上で，現状の業務を分類し，テレワークの対象業務を決めていく。

（4）導入に向けた具体的推進

テレワーク推進のためには，誰を対象にするのか，そして，どのような形態にするのかを決める必要がある。

① テレワークの対象者

社長や管理職をテレワークの対象とすることは少なく，育児・介護を担う社員を中心に，対象としていることが多い。そのため，効果が具体的で社員の理解も得やすい。しかし，育児・介護を担う社員は自分たちだけが特別扱いされ

161

ているというような肩身の狭い思いにもなり，制度を活用しづらい風潮が広がることもある。また，その他の従業員が不公平感を抱くこともあるので，できるだけ対象者を広げることが望ましい。

② テレワークの形態

　どのような形態のテレワークにするのかを決定する必要がある。在宅勤務，サテライトオフィス勤務，モバイル勤務のどの働き方を導入するのか。また，在宅勤務でも部分在宅か終日在宅にするのか，その両方か。在宅勤務の頻度は週に1日程度にするか，3日以上も可能とするのか，などである。

　在宅勤務というと，多くの人が毎日在宅で仕事をすると誤解しがちだが，週に1日か2日程度の在宅勤務を導入している企業も多い。モバイル勤務の場合でも直行・直帰を認めるのか，その場合，部分在宅勤務も可能とするのか。サテライトオフィス勤務も他社と共有型のサテライトオフィスにするのか，自社専用にするのか，など決めるべき項目は多岐にわたる。

（5）試行導入

① テレワークを導入する上での課題

　具体的にテレワークを導入しようと検討すると，次のような課題が生じてくる。

・労務管理制度の見直し
・ペーパーレス化・紙資料の電子化の必要性
・テレワーク時の就業環境の整備
・テレワークについての教育・研修

　労務管理制度の見直しの例を挙げると，フレックスタイム制をあわせて導入

することをはじめ，他の労務管理制度（１カ月の変形労働時間制等）を交えて
導入することが多い。

　テレワークを推進していく上での課題は前述したとおりであるが，課題があるからといってテレワークを導入できないとなると，いつまでも前進しない。実行してみないとわからないことについては，**試行導入を行い，全社に展開する前に課題をあぶり出し，課題解決方法を検討していくことが望まれる。**

②　試行導入の方法

　試行導入は大きく２つに分けられる。１つ目は部門や対象を絞る方法であり，２つ目は試行期間を定めて行う方法である。

　対象を絞って行う方法のメリットは，従来どおりの勤務形態をとる職員が多いため企業の負担が少ないことと，リスクが低減することなどが挙げられる。

　試行期間を設けて行う方法のメリットは試行導入の際に評価が多く得られることだが，デメリットとしてリスクが顕在化した際の影響が大きくなることがある。

（6）効果測定

　試行導入の後，テレワークの導入結果を評価し，本格導入に備えていくとともに課題についての施策を検討していくことになる。

　効果測定の評価については次表の項目があり，これらの内容によってテレワークのメリット・デメリットが測定できる。

　残業時間やコストなどの定量評価項目は客観的な指標を得やすいが，定性評価項目は実態を把握するのが難しい。しかし，回答者を匿名とするアンケートや第三者機関に評価を委ねる方法により，定性評価を得る方法がある。

　また，試行導入の頃は，定量評価項目を中心に見直しを行い，従業員満足度や働き方・生活の質という定性評価項目は，長い期間で見極めるのがよい。ただし，経営者やプロジェクトチームは当初明確にした導入目的を果たせている

【効果測定】

定量評価項目	定性評価項目
顧客対応：回数，時間，訪問	顧客満足度
残業時間：所定外労働時間の比較	従業員満足度
事務効率：伝票等の処理件数，企画書等	コミュニケーションの頻度・質
の作成件数，時間	情報セキュリティ意識の徹底度
オフィスコスト：オフィス面積，賃借料，	業務の自律性
コピー・プリント費用	働き方の質：仕事への満足度，通勤疲労
移 動 コ ス ト：移動時間，移動コスト	度，働き方への満足度
情報通信コスト：情報システム保守費用，	生 活 の 質：家族との団らん，趣味・自
通信費	己啓発の充実度，育児・介
人 材 確 保：求人応募者の数や質，	護のしやすさ
離職者数	

かについて，常に意識しておく必要がある。

（7）本格導入

　試行導入を行い，その効果測定を経てテレワークの本格導入となっていくが，本格導入後も常に導入目的が達せられているか，目的とずれていないかを意識する必要があり，効果測定も定期的に継続して行っていくべきである。また，どんなに準備を行ってきても試行導入時点で多かれ少なかれ予期していなかった課題や問題点，要望が出てくる。

　しかし，検討ばかりに終始したり，課題があるので二の足を踏んだりしている企業は，「案ずるより産むがやすし」で，まずはやってみることが望ましい。

第 7 章

グループ経営管理と
ガバナンス

　第4章から第6章までで述べてきたことは，いわば，会社単体のことであった。

　近年，事業の多角化や経済のグローバル化を背景に，企業活動は会社単体でなく，グループ会社と一体となるグループ経営の要請が高まっている。そのため，各社異なる管理の仕組みやシステムではなく，企業グループの共通したガバナンスやグループベースでの経営管理の仕組みやシステムが求められてくる。

　日本では，第二次世界大戦後に財閥が解体され，純粋持株会社が独占禁止法で全面禁止されてきた経緯がある（純粋持株会社は1997年に解禁）。また，親会社が上で子会社が下というような，欧米と比較して封建的な慣行が残っているのが日本の企業社会の実態である。

　したがって，企業グループでシナジーを出し合っていくグループ経営管理の仕組みやシステムを整備していくには多くの課題と作業がある。

　そのすべてを述べると，それだけで1冊の本でも足りないほどの論点があるが，第7章では**開発しないシステム**に関わることを中心に，グループ経営管理とガバナンスの説明を行う。

グループベースの経営管理の要請

（1）グループ経営管理システムの課題

　西洋社会に比べて封建的な慣習が多い日本では，社内の上下関係だけでなく，**企業間の系列や親子といったタテ社会の色合いが出やすい**。このため，日本の企業グループは親会社・子会社の序列に対するこだわりが強い。

　一方，事業の多角化，経済のグローバル化が進んでくると，時にはトヨタ自動車（親会社：豊田自動織機）やセブン-イレブン（親会社：イトーヨーカ堂）のように子会社が親会社を抜いてしまうことや，TDKや村田製作所，ヤマハ発動機やホンダのように海外売上高が９割程度に達している企業グループが台頭してくることもある。また，こうした華やかなグローバル企業だけでなく，生産の海外へのシフトや新たな市場の創出を目的としてのグループ展開が進み，**グループベースでの経営管理の必要性**が高まってきている。

　しかし，グループ経営管理のインフラが整っているかといえば，多くの企業でそうではない実情がある。連結会計では制度に対応する財務連結（以下，「制度連結」という）は実現されていても，グループ全体でPDCA管理サイクルを回すグループ経営管理（以下「管理連結」という）システムを実装する企業は少ない。

　管理連結システムは，**親会社側で構築する機能よりもグループ会社側で構築する機能のほうが重要**となる。なぜなら，管理連結で重要な機能はグループ会社からのデータ連携であり自動連携が望ましく，そのためにはグループ会社側でその仕組みを構築する必要がある。

　しかし，グループ各社の規模やシステム，およびコード体系等は異なる場合が多く，データの自動連携の仕組みを構築することのハードルは高い。

（2）制度連結システムと管理連結システムとの融合

①　制度連結に対応するシステム

　次図は，制度連結のプロセスフローを示したものである。

【制度連結のプロセス】

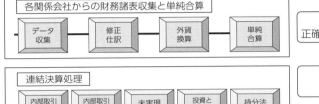
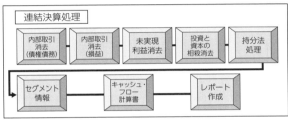

　はじめに，親会社・各関係会社からデータを収集する。海外グループ会社があれば外貨換算を実行し，その後，内部取引を消去して連結財務諸表を作成する。さらに，セグメント情報，キャッシュ・フロー計算書を作成し，有価証券報告書などの開示資料を作成することが制度連結である。

　制度連結のシステム課題は，いかに**内部取引の相殺消去処理を迅速に行うか，そのための自動化処理を増やすか**にある。そのためには，各グループ会社からのデータ収集を正確かつ迅速に進めること，これに尽きる。内部取引を消去する際に，グループ会社間取引に違算が生じるという課題があるが，その原因はグループ会社からのデータに不正確さ（漏れ，誤り）があるからである。

　制度連結のシステム課題にどこまで対応できるかはともかく，制度連結に対

167

応するパッケージはそれなりに存在するが，ほとんどのものが制度連結専用ソフトであり，グループ経営管理の実現を目的としたものではない。

② **管理連結に対応するシステム**

制度連結と比べた管理連結の違いは（ⅰ）グループ会社の対象範囲，（ⅱ）レポーティングサイクル（頻度），（ⅲ）利用目的，（ⅳ）取扱いデータ，（ⅴ）セグメント情報，である。

（ⅰ）グループ会社の対象範囲

制度連結の対象会社は，すべての子会社および関連会社であり，関連会社には持分法を適用するのが原則である。ただし，連結決算の負荷を避けるため，重要性の原則により，一部の会社を連結対象から除外することができる。

一方，管理連結の場合は，制度連結上は連結対象としなくても内部管理上は連結対象とする会社，制度連結上は持分法による処理をしていても管理連結においては連結子会社として取り扱うことができる。

（ⅱ）レポーティングサイクル（頻度）

制度連結は四半期ごとに実施するが，管理連結は月次で実施するのが通常で，月次で実施しているとしても本来的にはリアルタイムで業績を把握したいのが経営者であるから，レポーティングサイクル（頻度）に違いがある。

（ⅲ）利用目的

第4章で財務会計と管理会計の違いとそれに対応するシステムについて述べたが，制度連結と管理連結との違いをひと言で言うなら利用目的の違いである。制度連結は外部公表目的として開示する内容が定められ，それに対応する作業を行うが，管理連結はマネジメント層が経営判断のために利用するものであり，その目的による違いが生じてくる。

（ⅳ）取扱いデータ

制度連結は主に実績データを処理するものであるが，管理連結は予算値についての管理を必要とする。

また，制度連結は財務諸表および注記情報に関わるデータの処理・報告がで

きればよいが，管理連結では受注残高などの非財務情報も含まれる。

（ⅴ）セグメント情報

　制度連結と管理連結の違いが大きいものにセグメント情報がある。セグメント情報は，企業グループの経営情報を事業の種類別や親会社と子会社の所在地別等の区分単位（セグメント）に分別し，区分単位ごとに売上高や営業損益などの財務情報を開示するものである。

　制度連結で要求されるセグメント情報には，事業の種類別セグメント，所在地別セグメント，海外売上高があり，連結財務諸表の注記として，売上高，営業損益，資産，減価償却費，資本的支出などの開示が必要になる。

　外部に公表するセグメント情報は，1つのセグメントの売上高が全体の10％以上という基準があるため，10以上のセグメント情報を開示することはあり得ない。しかし，管理連結でのセグメント管理はその粗さでは不十分となるので，制度連結用のセグメント情報と管理連結用のセグメント情報が異なるものになってしまう。そのため，次図のように外部報告のセグメント構造と内部報告のものとにねじれが生じることになる。

【セグメント区分管理】

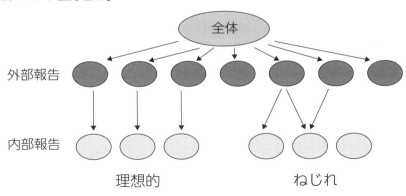

③　制度連結と管理連結のシステム融合

　これまで，制度連結と管理連結の違いについて述べてきた。2000年頃の会計ビッグバン以降，制度連結のシステム化対応は一通り終わっていると筆者は分析している。しかし，管理連結のシステム対応については整備されておらず，エクセルで必要な情報を管理している企業もある。

　ここで両者のシステムを考えるために，制度連結と管理連結の関係を図に示してみる。

【制度連結と管理連結】

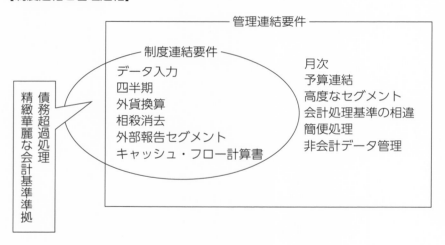

　先に制度連結と管理連結の要件について説明したが，連結サイクル（頻度）でいえば，制度連結は四半期ごとであるが，管理連結は通常月次決算を実施する。つまり，月次を実施できれば四半期も管理できる。取り扱うデータについては，制度連結は実績データだけであるが，管理連結では，実績データだけではなく予算データも必要となる。

　したがって，両者の関係を集合の関係で示せば，管理連結は制度連結を兼ね

るが，一部，子会社が債務超過になった場合の取扱いや，非支配持分の取扱い
など，制度連結には管理連結にない緻密さがあるので，大は小を兼ねる二重丸
でなく，外側（管理連結）を四角に，内側（制度連結）を丸にした図を描く。
少しだけはみ出るものの，管理連結を概ね実現できるシステムであれば，制度
連結を概ね実現できることがわかる。つまり，管理連結システムのほうが制度
連結システムの要件より大きく，とりわけ，セグメント情報管理には，外部セ
グメントと内部セグメントにねじれ現象が起こっている。

　小さい器（制度連結システム）に，大きなモノ（管理連結システム）を入れ
ようとすれば無理が生じる。すなわち，現状は先に制度連結システムを整備し，
その上で管理連結システムを構築しようとするため，管理連結システムと制度
連結システムが別々の運用になってしまい，それが原因となって使い勝手が悪
いシステムとなっている。

　発想を変えて，まず，要件の大きな管理連結システムのデザインをし，その
上で，制度連結システムを実現していくというアプローチを採っていくべきで
ある。大は小を兼ねることができる（月次ができれば四半期もできる。内部セ
グメントができれば外部セグメントもできる。予算，決算予想，実績，いくつ
ものデータを管理できる）。むしろ，こうした発想転換をしないとグループ経
営管理が不可能であることに気づくべきである。

（3）マネジメント・アプローチによるセグメント情報

　企業会計基準17号「セグメント情報等の開示に関する会計基準」が適用され
てから，セグメント情報は，経営上の意思決定や業績評価をするために使用す
る情報を基礎として開示することになり，これをマネジメント・アプローチと
呼ぶ。

　この会計基準が公表された折，多くの企業は「セグメント情報の会計基準が
変わった。その基準ではどのような開示項目が求められているのだろう……」
と基準の変更内容を吟味し始めていた。

実は，こうした「会計基準で要求されていることは何か，それにどう対応していけばよいか」という制度連結に対応するかのような意識が根本的に誤っている。マネジメント・アプローチの本質は，**企業の経営者が管理連結で活用している情報を開示することが財務諸表利用者にとって有用である**との考え方を採っているため，これまで説明してきた管理連結の仕組みを先に整備し，それをもって制度連結としていくものである。

　この考え方によれば「**制度連結の対応はできている，しかし，管理連結の対応ができていない**」という課題を有していること自体がおかしく，論理矛盾が根底にある。繰り返しになるが，マネジメント・アプローチによるセグメント情報は，内部管理の延長線上に制度連結を見据えるものである。

　したがって，「制度が先で後に管理を考えるのではなく，管理の延長線上に制度を見据える」との発想転換が必要なのである。

　これまでに，セグメント別のキャッシュ・フロー計算書をパッケージで出力したことを紹介すると驚かれたことがあった。なぜなら，制度連結のセグメント情報は主に損益に関する情報の開示を求めており，キャッシュ・フロー計算書は制度連結上，必要ないからである。

　制度連結で要求される開示項目はともかく，キャッシュ・フロー計算書は経営管理上有用な情報である。減損会計にしてもセグメント別の将来キャッシュ・フローを計算することを求めている。その状況にあるのに，セグメント別のキャッシュ・フロー計算書を出力してなぜ驚かれるのだろうか。むしろ，基本財務諸表の1つとして多くの企業グループで管理すべき指標であると考えている。

（4）多次元な切り口による経営管理

　多くの企業で「事業別」「製品別」「地域別」「顧客別」「流通チャネル別」等の多次元な切り口による損益管理を求めている。その管理項目は損益だけでなく，B/S，C/F（キャッシュ・フロー）や非財務項目をも分析しようとし，そ

の情報を取れるか否かが議論となる。

　このとき，売上高については多次元な切り口による分析が比較的容易である。なぜなら，売上取引は上記のような切り口を個々に紐づけることが可能だからである。しかし，損益や他の項目となると対応が困難になる。なぜなら，数値の把握単位は全社一括などの共通項目が多く，上記の切り口に対応していないからである。

　費用を例にしてみると，費用を科目別や部門別では把握できても，「製品別」「地域別」「顧客別」等の切り口では分析できず，それに対応しようとすれば費用の配賦処理が必要になり，どこまで厳格な配賦をするかがポイントとなる。

　多次元な切り口での分析において，「何を」「どこまで」分析すればよいのかと問われれば，答えがない。細かい配賦計算を行えば，細かい業績管理ができているようではあるが，そのための負荷と，何よりもその利用者がいるのかとの疑問も生じる。

　この「何を」「どこまで」業績管理を行えばよいかの答えは，先に紹介したマネジメント・アプローチの考え方にある。

　マネジメント・アプローチでは，業績管理区分の決定にあって，企業組織の内部機構に基礎をおくアプローチをとっている。例えば，事業本部・事業部・部，というような企業の内部機構（組織）がある場合に，その組織単位の意思決定や業績評価を行う。

　各セグメントの意思決定や業績評価を実施する単位ということは，数値を把握する単位がそれより粗すぎても細かすぎても意思決定や業績評価に役立たない。粗すぎるセグメント区分は，さらなる分析を必要とするし，細かすぎるセグメント区分は，単なる数字のお遊びになりかねず，労多い割には功が少ない。

　企業の内部機構（組織）を表すものとして会社には「組織図」がある。その組織図には属する人の名前を割り当てることができる。その組織図の体系から企業が管理すべきセグメント区分を決定していく，その単位で業績管理を行う，これが基本となる。もし，その組織図の体系が管理体系にそぐわない場合，それはその組織に何らかの歪みがある可能性があるとみてもよい。

また，組織以外の軸として製品別や地域別といったような切り口で管理したいとの要請があっても，何より大事なことはその切り口ごとに責任を担うヒトが割り当てられているか否かである。次に損益管理まで細かく行おうとしても結局配賦によらざるを得ず，多次元な切り口といっても副次的な分析であるから売上分析にとどめるなど，数値の活用用途と分析する上での負荷を考慮することが必要ではないだろうか。

2　グループ経営管理を支えるITインフラ

（1）部分最適から全体最適へ

　グループ経営管理の仕組みを構築しようとする際，必ず課題となるのが，**グループ会社の規模やシステム，およびコード体系等が異なるため**，それをどう統一するか，否，統一しようにもできず，どう対処するかである。

　課題を解決するには，その課題が発生する根本原因をあぶり出し，その原因を直すことが求められるが，グループ各社のシステムがバラバラになっている根本原因は，各社の都合でシステムを構築・運用していること，すなわち**部分最適**になっているためである。これまでの日本企業は，海外拠点であれ国内拠点であれ，拠点主体のいわゆる"分権型"で経営してきたケースが多く，各拠点・各支社がそれぞれ個別にシステムを導入し，それぞれで経営管理・判断を行ってきたケースが多いだろう。そのため，グローバルな視点での統一化や標準化が進んでおらず，システムがバラバラで，結果，コストが膨れ上がってしまったり，タイムリーな経営判断ができなくなってしまったりしている。

　一方で，いまや新興国の台頭によりどの分野でも競争は激化し，デジタル化によってビジネスサイクルもスピーディーになっている。このように，ビジネス環境が大きく変化している中で，これまで以上に迅速かつ的確な経営判断が

求められている。そのためには，より広範囲の情報を早く・正しくとらえられる仕組み（情報システム）を保有しておく必要があり，これまでの分権型の経営管理から，集権型もしくは全社一体型の経営管理が必要になっている。グループ経営管理とは，ヒト・モノ・カネ・情報の限られた経営資源を，適切な部門・業務に適切な量を配分し，グループ全体で資源の有効活用を図ることである。それをタイムリーかつ正確に行うためには，各社の情報システムが最適化されている必要がある。

　情報システムが最適化されるとは，すなわち，グループ各社の情報システムの統一／標準化であり，それにより，ガバナンスもコスト効率性も向上する。一方で，統一／標準化には時間がかかる上，拠点特有の事情（法律や商慣習など）を加味した柔軟な設計は困難になってしまう。全体最適を目指すものの，部分最適を考えざるを得ないのである。グループ経営管理における情報システムの全体最適化は，「ガバナンス」「コスト」と「柔軟性」「スピード」とのトレードオフ関係にあり，どのグループ会社・拠点の，どのシステムレイヤーを統一／標準化するかは，全体を俯瞰した上で決定する必要がある。

（2）基盤・インフラの全体最適に向けて

　基盤・インフラ領域は，アプリケーション・データ領域と比較して，拠点特有の事情などの影響を受けにくく，業務へ直接的に関わっていることも少ないため，集約などの検討が進みやすい。ただし，物理サーバなどを一箇所に統合すると，物理的な距離が長くなり，ネットワーク障害に遭遇するリスクが高まるだけでなく，災害等で一発KOになるリスクも高まってしまう。

　また，集約することでネットワーク側のコストが増加してしまったり，基盤統合のために各拠点システムとの接続・インターフェイスの確認など検討事項が多岐にわたることで時間がかかりすぎたりする。

　そのため，各拠点の既存のシステム基盤は残しつつ，親会社と各拠点の中間に新たなシステム基盤を設けるべく，クラウドサービスの基盤（IaaS/PaaSな

ど）の導入にも目を向けたい。

①　クラウドの起源

　「クラウド」という言葉は，2006年当時のグーグル社のCEOであるエリック・シュミット氏が提唱したといわれている。

　クラウドは「利用者がインフラやソフトウェアを持たなくても，インターネットを通じて，サービスを必要な時に必要な分だけ利用する考え方」のことである。従来は，ハードウェアを購入したり，ソフトウェアをパソコンにインストールしたり，ソフトウェアのライセンスを購入したりしなければサービスが使えないことが一般的だったが，クラウドの出現により，ハードウェアの購入やソフトウェアのインストールをしなくても利用できるサービスが生まれている。

②　クラウドサービスの種類

　クラウドサービスは，その提供する形態によって，HaaS/IaaS型（Hardware/Infrastructure as a Service），PaaS型（Platform as a Service），SaaS型（Software as a Service）の3つに分けられている。

【クラウドサービスの提供形態】

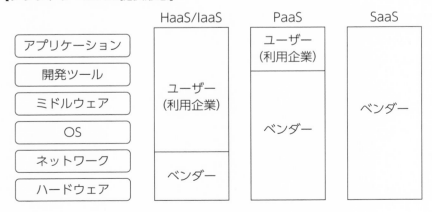

（ⅰ）HaaS/IaaS型

OSやアプリケーションを含め，利用者が任意のソフトウェアをデプロイ（適用）して実行可能にするモデルのことである。処理能力やストレージ，ネットワーク，その他のコンピューティングリソースが，利用者に提供される。

利用者はクラウドインフラの基本的な部分の管理やコントロールを行うことはできないが，OSやストレージ，デプロイしたアプリケーション，さらにいくつかのネットワーク構成の限定された設定・制御を行うことができる。

（ⅱ）PaaS型

サービスプロバイダによってサポートされるプログラミング言語やツールを用いて，利用者が用意したアプリケーションプログラムをクラウドプラットフォーム上にデプロイ（適用）して利用するモデルである。

利用者はクラウドプラットフォームのネットワーク，サーバ，OS，ストレージの管理・制御は行えないが，アプリケーションのコントロールと，アプリケーションをホストする環境の設定をコントロールすることができる。

（ⅲ）SaaS型

Webブラウザなどを通して，クラウド上で稼働するアプリケーションプログラムにアクセスして利用するモデルであり，メールやストレージ（データ共有）などでよく使われている。

利用者は，クラウドプラットフォームにあるネットワークやサーバ，OS，ストレージの管理・制御を行えず，特定のアプリケーションを利用することだけができる。

③　クラウド基盤の特徴

クラウド基盤では，インターネット環境さえあれば，必要な時に必要なだけ，ソフトウェアを実行するためのサーバやストレージ，ネットワークリソースを利用することができる。換言すれば，その時々にあった最適な仕組み・システムへのスムーズな切替えが可能になるため，ビジネス変革への柔軟な適合が期待できる。

もちろん，全社でシステム基盤が統一されているほうが，シンプルかつ効率的であることはいうまでもない。そのため，中間システム基盤としてクラウド基盤を導入する時には，各拠点独自のシステム基盤をどうしていくか，各拠点のインフラの配置とアプリケーションの構成について把握した上で全体構想を描き，将来的には統合を見据えられることがベストである。

（3）アプリケーション・データの全体最適に向けて

①　グループ共通システムの導入

　アプリケーション・データ領域の統一／標準化には，インフラ領域と比較すると，様々なハードルが存在する。アプリケーションは，各拠点の業務に直接かかわってくるシステムのため，統一するためには，それを利用する業務プロセスを標準化することが必要である。ただし，拠点特有の事情（法律や商慣習など）が存在することも多く，統一することによって市場競争力が削がれてしまったり，コンプライアンス上の問題を抱えることになったりすることもある。そのため，アプリケーションの統一は，各拠点の状況を踏まえて，事業や地域など，どの領域を統一するか，整理してから進めることが多い（「全社統一」「複数領域をまたいだ統一」「領域ごとの統一」「統一しない」の４パターンで，範囲を整理するケースが多い）。

　ただし，グループ経営管理は，限られた経営資源を適切に配分し，グループ全体で資源の有効活用を図る目的で行うものであり，次の理由により，なるべく統一されたシステムの導入およびデータの整理を検討するほうがよい。

　（i）データの鮮度・精度・粒度の担保

　例えば，親会社と各拠点の経営情報が一元化されていないと，データ分析に基づいた意思決定ができなくなってしまう。特に，国内と海外拠点とで全く異なるシステムを導入していると，データの精度と粒度がバラバラになってしまい，その結果，経営情報の重複管理が発生したり，鮮度・精度・粒度を保った

データ管理が行えなかったりしてグループ経営にとって重要なガバナンスが実行できなくなってしまうので，注意が必要である。

　それは，経営情報の可視化の点でも問題を引き起こす。経営情報を可視化するためには，経営データの明細レベルの管理と，本社と各拠点で同じデータ構造をもつことが必要となるからである。

　（ⅱ）運用コストの削減

　昨今のパッケージでは，連結決算機能とグループ経営管理に必要な分析ツールを標準業務シナリオとして組み込んでいるため，本社と各拠点において同じパッケージを導入することができ，ガバナンス強化に資する仕組みを短期間・低コストで導入・維持することが可能になっている。特に，グローバルレベルでIT運用体制をシンプル化したい企業にとっては，この効果が大きくなる。

　もし，本社と各拠点が異なるパッケージを導入すると，パッケージの実装機能を共有できないため，各社の個社最適となり，全体最適を実現できない。

　（ⅲ）ノウハウの共有

　同じパッケージを導入すると，導入するためのノウハウを共有できる。よくある例としては，まずは一部の拠点にパッケージを導入し，そこで得たノウハウを蓄積してテンプレート化し，その後にグループ展開していく方法である。

　（ⅳ）拠点の業務レベルの底上げ

　小規模な拠点の場合，運用体制などの制約により，親会社と同じシステムを導入することは困難であるとされていたが，パッケージのクラウド化により，小規模な拠点でも本社と同じシステムを導入することが可能になってきた。それにより，各拠点でも本社レベルの経理処理が実行できるようになる。

　また，グループ経営管理を実現するアプリケーションとして，経営管理システムとともに，コミュニケーションツールの統一もあわせて検討されたい。コミュニケーションツールとは，メール・チャット系のツールや，経営データを分析・視覚化するためのBI（ビジネスインテリジェンス）ツール，営業やプロジェクト案件の進捗状況や行動履歴を管理するためのSFA（Sales Force Automation：営業支援）ツールなど，社内での意思疎通や情報共有などを行

179

うためのツールである。コミュニケーションツールの統一化により，本社から各拠点に対し，経営判断を迅速かつ的確に伝えることができるようになり，拠点間でのコラボレーションを促進することが可能となる。コミュニケーションツールは，縦方向・横方向のスムーズな連携の基盤となるものであり，グループ経営管理を実行する上で不可欠なものといえる。

②　共通システムのコード体系

グループ会社で共通システムを構築しようとする際，次の課題が発生する。

・規模の違いにより，従業員の資質，企業文化が異なる
・異なる国では，独特の法令，商習慣がある
・業種（製造業と金融業など）が違う会社での共通化は難しい
・コード体系が異なると共通化しづらい

たしかに，コード体系が異なると，1メートルと1ヤードの足し算を行うような困難さが生じる。

コード体系の違いは身近にもある。例えば航空会社を表すコードは，国内線ではJAL，ANAと3桁のコードを利用していても，国際線ではJL，NHと2桁のものを利用している場合がある。3桁は国際民間航空機関（ICAO）に登録されているコードで，2桁は国際航空運送協会（IATA）に登録されているコードである。

同じパッケージを使うことと，コード体系などを統一することは異なるレベルのテーマである。例えば，エクセルで数百拠点のデータを管理するとしよう。エクセルで管理する場合であっても，拠点ごとのデータを，ブック（ファイル）を分ける，同一ブックで複数シートを管理する，同一ブック同一シートで管理するなど異なる管理方法があり，それによって機能制限や利便性が異なる。例えば，他者にデータを見せないようパスワード管理をしようとするなら，ブックを分けるしかない。しかし，ブックを分けると利便性は低下する。

【共通システムのコード管理】

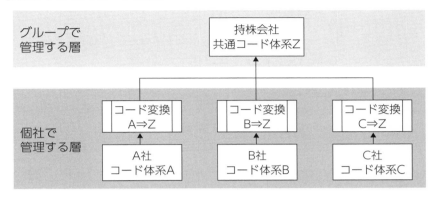

　共通システムを導入する際，コード体系なども統一できればよいが，国や業種によって相容れない場合があるので，いたずらに統一すべきではない。その場合は，個社で管理する層とグループで管理する層とを分けることで，それぞれコードを管理することとする。そして，異なるコードをもつ個社で管理する層から，統一コードで管理するグループで管理する層へコードを変換することで，1つのグループ経営管理システムとする方法をとる。

（4）情報システムの全体最適に向けたアプローチ

　情報システムを最適化するには，全体を俯瞰した上で進める必要がある。統一／標準化に向けた基本的なアプローチは，①大方針の策定，②現状把握・課題抽出，③方針の具体化，のステップで検討していく。

①　大方針の策定

　経営方針に基づいて，統一／標準化における大方針を立てる。大方針は，主に「ガバナンス」「コスト」「柔軟性」「スピード」の観点から，今回の統一／標準化にあたり，何を最優先で"取りにいくのか"を宣言したものである。例

えば，「コストを多少かけてでも，全社標準化を目指す」や「拠点業務の質（柔軟性）を担保できる範囲で，統一を目指す」などといった，統合を進める上での指針を策定する。大方針の策定には，経営層の意思が必要となるが，近年では，ガバナンス観点での大方針策定がより重要になってきている。

② 現状把握・課題抽出

①と並行して，全社の情報システムの現状を洗い出し，システムマップなどで可視化を行う。その後，統一／標準化にあたり，ネックになる部分を課題として抽出する。この際には，システムだけを見て課題を認識するのではなく，業務プロセスの課題も認識することで後続フェーズがスムーズに進行する。

③ 方針の具体化

現行システムと統合に向けた課題が明らかになった後，①の大方針を詳細化し，統一／標準化におけるゴールを設定する。この際には，全社視点かつ中長期視点での統一／標準化を見据えた段階的ゴール（ロードマップ）を示すことが重要である。

＊　＊　＊

以上のように，システムの全体最適に向けた動きは，全社的なプロジェクトになるため，関係者は多くなり，ある程度の時間も必要となる。**全体最適化を成功させるためには，最初の大方針を打ち出す場面しかり，実際に統一／標準化を進める場面しかり，経営層が意思を持って進めることが不可欠となる。**

3 ITガバナンスの整備と向上

（1）ITガバナンスを効かせること

①　ITガバナンスの意味

　グループ各社のシステムやコード体系が異なる実態がある際に，「ITガバナンスが効いていない」との言葉を聞くが，そう発言する人はITガバナンスのことを勘違いしている。

　コーポレート・ガバナンスは「企業の経営を監視・規律すること，または，その仕組みのこと」をいい，ITガバナンスは「企業のIT活用を監視・規律すること，または，その仕組み」ということができる。このことをはき違えてしまうと，「バラバラを統一する」のが「ガバナンスを効かせる」ことだと解してしまう。

②　ITガバナンスモデル

　グループにおけるITの全体最適を実現していく上で欠かせない観点がITガバナンスである。ITガバナンスは企業グループが競争優位を確立するためにITの企画，開発，運用の一連の流れをあるべき姿に導く組織能力であり，ITガバナンスをうまく効かせることで，ITによる効果を享受できることになる。

　ただし，ITガバナンスの仕組みを企業独自で考案していくのは大変なことであるが，幸いにも世の中には，先人の知恵が集約された**ITガバナンスのモデル**があり，それを取り入れることで，自社に最適なITガバナンスの体系を短期間で有益なものに組み上げていくことが可能となる。

　ここでは，ITガバナンスの代表的モデルを5つ紹介する。

（ⅰ）COBIT（Control OBjectives for Information and related Technology）

COBITは，アメリカの情報システムコントロール協会（ISACA）とITガバナンス協会（ITGI）が提唱しているITガバナンスの成熟度を測るフレームワークで，ITの企画から継続的改善までの一連の流れを4つのドメイン（領域）と34のITプロセスに分け，KGI（目標指標），KPI（評価指標）や，CSF（重要成功要因）を整理したモデルである。ITガバナンスの目標の設定から，コントロールに必要なマネジメントの構築体系など，幅広い目的で活用できる。

（ⅱ）IT-CMF（IT-Capability Maturity Framework）

IT-CMFは，米インテル社が開発したITマネジメントモデルがもとになっており，ビジネスに対する俊敏性や，イノベーションへの貢献など，特にビジネスへの貢献を意識して整理されたモデルである。

（ⅲ）ITIL（Information Technology Infrastructure Library）

ITILは，ITサービスマネジメントにおけるベストプラクティス（成功事例）をまとめた書籍群で，イギリス政府のCCTAによって公表されたITガバナンスのモデルである。COBIT，IT-CMFにより，システムサービスの企画，開発，運用に関する具体的な内容についてのベストプラクティスが整理されている。

（ⅳ）CMMI（Capability Maturity Model Integration）

CMMIは，ソフトウェア開発に関する組織の成熟度を5段階に分けて定義しているモデルであり，自社の成熟度を把握することで，今後，より成長するために目指すべき方向性を明らかにすることができる。

（ⅴ）ISO27000

ISO27000は，情報セキュリティのマネジメントシステム（ISMS）に必要な，情報セキュリティの管理・リスク等に対するモデルであり，今後さらに増大するセキュリティの脅威に対応するために有用なモデルである。

③　グループ全体のITガバナンス構築の留意点

グループ全体のITガバナンスを構築する際には，グループ各社の実情を把握することが重要である。ITで管理することに関して，何を・どこまで・どのように共有化を図るのかを検討していく必要があるが，実情を十分に把握し

ておかないと，絵空事や的外れなガバナンスになりかねない。

　作業や成果物の様式にばらつきがあるのか，IT要員のスキルレベルにばらつきがあるのか，はたまたそもそもITというものに期待する役割や，位置づけにばらつきがあるのか，まずは実情を十分に把握することである。

　ITガバナンスを構築する目的は，ITに関する組織能力が継続的に改善，強化される仕組みを作り上げることである。そのためには，ITに関する活動における課題がきちんと洗い出され，改善され，その結果得られたノウハウが組織に蓄積していく仕組みを検討する必要がある。その際，標準的なプロセスが定義され，問題のある箇所が指標などによって可視化される必要がある。そこで，先に紹介したITガバナンスモデルを活用するのである。

④　ITガバナンスモデルの活用

　先に紹介したITガバナンスモデルでは，カバーする領域やプロセスに分けた上で，そこに必要な指標や活動を定義している。グループレベルで考えると，地域，業種も異なる会社が多数あるが，全体としてこれらのモデルを元にガバナンス活動を定めていくと，どのグループ会社にでも適用可能となる。この進め方が全体最適を実現していく。

　具体的には，モデルに自社の活動を当てはめ，漏れている活動がないかをチェックして，自社のレベルを判定する。この際，各種ベンチマークデータを活用することもできる。これを利用することにより，自社が劣っている領域を識別することができ，明らかになった弱点を克服していくことが可能となる。

　モデル適用の勘所をつかんだら，それをグループに展開する。各社に診断を展開し，弱点を可視化する。そこに各社のばらつきが生じるが，その結果を分類し，その内容を元に強化方針を立てて推進していくのがよい。

（2）データガバナンスの重要性

　現在はDX（デジタル・トランスフォーメーション）の時代である。DXに

よって新たに得られる幅広いデータを中心に据え，活用することで競争優位を確立し，新たなサービスモデルや，ビジネスモデルを実現することになる。そのため，重要性が増してくるのがITガバナンスの中でも，**データに関するガバナンス，すなわちデータガバナンス**である。

① データガバナンスの領域

データガバナンスにも様々な領域があり，データセキュリティや，データ品質については，これまでも十分力を入れてきた企業も多い。特に，データの精度がサービスそのものの精度を左右するようなITサービスや市場取引等，ビジネスデータの集計，分析が事業そのもののリスク管理に欠かせない金融業界では，データ品質に関するマネジメントなどには，これまでにも十分な投資が行われている。

これまであまり注目されてこなかったが，今後非常に重要になってくるのが**メタデータ管理**である。**メタデータとは，「データのデータ」**である。データには，その収集の際の条件や活用の際の条件など，活用にあたって留意すべきことが多々あるが，そのデータの品質を意識しなければデータ活用が仇となって失敗の原因になりかねない。

② データガバナンスに利用できるモデル

データガバナンスにも利用できる**DMBOK（Data Management Body of Knowledge）**というモデルがある。DMBOKは，DAMA International（Data Management Association International）によって策定されたデータマネジメントの知識体系であり，データマネジメントの領域を大きく9つに区切って定義し，それぞれに関する知識体系が整備されている。

この9つの領域は，「データアーキテクチャ管理」「データ開発」「データオペレーション管理」「データセキュリティ管理」「リファレンスデータとマスタデータ管理」「データウェアハウジングとビジネスインテリジェンス管理」「ドキュメントとコンテンツ管理」「メタデータ管理」「データクオリティ管理」，

【データガバナンス施策検討のフレーム（例示）】

データライフサイクル

	取得	開発	運用	データ活用
マスタデータ				
データ統合				
データモデリング		DMBOK等		
メタデータ				
データクオリティ				
プライバシー				
知財／ノウハウ	個人情報保護や，知的財産，営業秘密に関する各種ガイドライン			

（縦軸：データマネジメント項目）

である。

　実際にデータマネジメントを検討していく際には，これらの体系をベースに，グループにとって特に必要なもの，意識的に強化管理したいものを加えて活用していくとよい。次図はその例である。

　縦軸は，DMBOKの要素を参考としてグループで使いやすいようにまとめたデータマネジメント項目，横軸はデータのライフサイクルである。データのライフサイクルについて，データマネジメント項目として管理すべき内容を定義して，マネジメントを推進していく。

　この例では，第三者とのデータ共有やデータ取引が活性化すると考えられるため，特に「プライバシー」「知財／ノウハウ」等は別々の管理項目として定義している。このような内容については，DMBOK等のデータマネジメントナレッジ体系だけではなく，官公庁が提供している各種ガイドラインなども参考とし，データマネジメント管理項目を定義していく。

　これらの内容は法律に密接に関連するが，グローバルなグループでは各国事情が異なるため，管理の際に実施すべきタスクを定義し，現地の事情に合わせてこれを遂行するようにする。

これらの管理を強化する際にも，重点的な管理を要するデータとそれ以外の
データを色分けする必要がある。その際には将来におけるデータ活用の可能性
を見据えて，その評価を行う。
　こうした考え方，プロセスによってグループ全体にデータガバナンスを遂行
していくとよい。

第 8 章

本番稼働準備と
メンテナンス

　開発しないシステムでは，いわば，システム構築をベンダー任せにせず，ユーザーが主体的にシステム導入を推進していくことが活用の秘訣である。

　特にユーザーが主体的になる必要がある工程は，テスト・移行・教育である。これらはベンダーに委ねようがない。極端に言えば，お腹が空いたけど食べる時間がないから代わりに食べてくれ，というようなものである。

　システムを刷新する際，失敗を好んでする人は誰もいないだろう。しかし，失敗してしまう事例は後を絶たない。システム刷新を成功に導く秘訣は何か。それは，本番稼働を安全にできる基準をあらかじめ設け，可能な限り，それを疑似環境で確認しておくことである。ぶっつけ本番に近い状況で失敗に陥った場合，それは起こるべくして起こった失敗といえよう。

　開発しないシステムで変わることは，本番稼働までのシステム導入手順ではなく，本番稼働後の運用・保守の局面である。

　第8章では，開発しないシステムについて，システムが完成したとされる時から利用するまでに必要な作業，本番稼働直前に必要なこと，そして，本番稼働後のメンテナンスとして必要なことを説明する。

1 システムが完成することと利用できることの違い

（1）完成後，利用する前に必要な「テスト」「教育」「移行」工程

　システムが完成したからといって，それで直ちにシステムを利用できる状況にはならない。システムが完成したとしても，**「テスト」**（要求どおりのものが満たされているかを検証すること），**「教育」**（利用者が使えるようになること），**「移行」**（旧システムから新システムへのマスタや残高などのデータの引越しをすること）を行う必要がある。

①　コンサルタントなどの外部に委ねることができない工程

　これらの工程は従来のシステムでも**開発しないシステム**でも同じである。ここで明記しておきたいことは，これらの作業は**コンサルタントなどの外部に委ねることができない**ということである。

　システム導入にあっては人手が足りない事情やスキル・ノウハウを必要とすることから，コンサルタントなどの外部に作業を委託することが多い。時にはそれが丸投げ（アウトソーシングも丸投げと解することができるが，委託業務の範囲や発注元との役割分担をしっかり行えば，アウトソーシング自体は丸投げと否定されるものではない）となり，その結果**コスト増となり，ベンダーロックイン**（依頼したベンダーから離れられなくなること）にもなってしまう。

②　小善は大悪と化してしまう

　したがって，むやみやたらに外部委託することは避けたいが，そもそも「テスト」「教育」「移行」については，自社にリソースがないとしても外部に委託できる業務ではない。このことを大学受験の予備校や塾にたとえて説明する。

　予備校や塾では合格のための教材や模擬試験などを用意することはできても，

190

学ぶこと自体は受験生自身が行わなければ何の意味もない。それと同じように「テスト」「教育」「移行」は利用企業側で行うべきものであり，リソース・スキル・ノウハウが足りないため外部に委託することも実態としてはあるが，**小善は大悪**になる（善かれと思って行っていることが，実は大きな悪であること。例えば，子どもを甘やかして育てる親は優しい親であるように見える（＝小善）が，甘やかされて育った子どもは将来大人になったときに苦労することになる（＝大悪））ことをわかった上で，必要最低限のやむを得ない業務のみを外部に委ねるという意識を持つことである。

（2）テストはユーザーが主体的に実施する

　システム導入においては，ベンダーに作業を委託することが多いが，受入テストを委託することはできない。ベンダーは機能の確認テストはできても，業務視点でのテストはできない。つまり，テストという作業は代行できても，その結果が業務として正しいかどうかは判断できない。

　テストを曖昧にするとツケは利用者に回ってくる。そこで，ユーザーテスト（UAT（User Acceptance Test）：ユーザー受入テスト）の重要性が高まる。UATは完成したとされるシステムをユーザー自身で確認することである。したがって，テスト実施者は実際にシステムを利用するユーザーである必要があり，重要なことはテストシナリオをユーザー自身が準備することである。

　ベンダーが準備するテストシナリオでは，ベンダーの都合だけのシナリオとなることがあるので，ユーザーが確かめるべき事項を自身で準備するべきである。また，このテストシナリオは，新システムのゴールともいえるものであるので，テストの段階になって準備し始めるのではなく，**システム導入の初期段階で準備しておくべき**である。とはいえ，ユーザーが自身でテストシナリオを準備するのは大変なことなので，実際に発生している取引（旧システムで蓄積されているデータ）を元に準備しておくとよい。

（3）テストにおけるツールの活用（テストの自動化）

　テストをしっかり行うことが重要であることを否定する人は誰もいない。しかし，現実は時間もリソースもなく，外部のリソースに頼ろうにもコストがかかる実情がある。その現実課題を乗り越える施策を講じなければ意味がない。

　開発しないシステムは，ある意味，人海戦術による対応ではなく，ツールがあるならそれを活用するものである。最新のパッケージの中には，テストに関して次のような自動化できるツールがある。

・パフォーマンスの測定や負荷テストを行うもの
・スケジューラー機能により定期的なテスト実行を行うもの
・プログラムの欠陥を自動検出するもの
・テストのプロセスおよび結果を記録するもの

　他にも数多くのテストツールがあるので，まずは情報収集をしっかり行うことと，利用できるか否かを検証してみることをお勧めする。

（4）ユーザー教育のツール

　システムが新しくなると，利用者の習熟度を高めるために操作マニュアルなどを作成しているのを見かけるが，そのマニュアルは果たして必要なものか，疑問に思うことがある。

　単なるシステムの操作マニュアルではなく，新たなシステムの導入を通じて何を実現したく，どのように業務を変えたいのか，そのためにどのようなシステムになっているのか，を説明したマニュアルが望ましい。例えば，**チェンジマネジメント（業務・組織の変革）**の実現に向けた心構えや，何がどう変わったのかという新旧対照表のようなものである。

例えば，カーナビや電気製品にはマニュアルが付いている。消費者はそのマニュアルをどれぐらい読むものだろうか？　メーカーの場合には製造物責任を問われることもあるので，消費者が読む，読まないにかかわらずマニュアルを提供することは必要であろうが，現実には利用者があまり読まないものを作っているのではないだろうか。その意味では無駄といってもよい。

いまや**操作マニュアルを作成するためのツールは豊富**にある。操作説明だけが必要であれば，操作手順を動画として記録する方法もある。外部に公表する資料であれば撮影した動画を美しく編集する必要があるが，社内利用だけであれば，多くの労力をかける必要はない。

何より，当初はマニュアルが必要と思っていても，1週間も使えばマニュアルは不要となり，Tips（ちょっとしたコツやテクニックのこと）を共有できるし，それをマニュアルに記載せずとも**社内FAQ**などで蓄積しておくこともできる。とにかく，利用者目線になって，必要かつ効果的な教育の施策を講じていきたい。

（5）移　行

①　移行作業の大変さ

システム導入を終えるための難関が「移行」である。一般的に，新システムを構築することに費用・人員・工数を確保しても，移行について予算と工数が十分でないケースがあり，家ができても引越しができない事態になってしまう。

移行が大変な理由には次のとおりである。

・ユーザー企業に移行作業のノウハウ・スキルがない
・現行システムには仕様書の記載がない修正が加えられており，仕様どおりにデータが抽出できない
・現行システムが古すぎる場合，その仕様がわからず，データ抽出が手探り状態になる

・移行不要の古いデータを移行する，また，古いデータにはエラーが発生する
　可能性が高く，不必要なエラー分析に時間を費やしてしまう

　これらの多くは，現行システムに起因している。したがって，いくら優秀な
コンサルタントであっても外部者であるため，旧システムに関するノウハウは
なく，それは会社による個別案件なので，移行作業をより困難にしているとい
う事情がある。

　そのため，新システム導入には現行システムを熟知している人が参画すべき
との論理も成り立つが，現行システムを知り尽くしているがゆえに，**改革にブ
レーキをかけてしまうジレンマも起こる。**

② 　移行対象

　「移行」で，何の引越しを行うのかを説明すると，例えば会計システムでは
"マスタ" と "取引残高" に大別される。**マスタには，会社コード，部門コー
ド，勘定科目コード，取引先コード，品目コード，**といったものがあり，**取引
残高には，受注残高，請求残高，支払予定残高のほか，過去の総勘定元帳残高**
などがある。

　システムが有するマスタや取引残高の保有形式はシステムごとに異なり，移
行作業にはデータの形式を変換することを要する。もし保有形式が同じであっ
たとしても，旧システムよりデータ（マスタと取引残高）を抽出し，それを新
システムに投入する必要がある。

　移行作業は，次のように分類できる。

【移行作業】

	マスタ	取引残高
旧システムからの抽出	①	②
新システムに投入するための変換	③	④
新システムへの投入	⑤	⑥

⑤と⑥については，パッケージでデータ投入のツールが用意されていることが多いので独自に開発することは避けたい。ところが，①②③④については個々の企業が独自に開発したシステムの場合，システムによって状況が異なるので，パッケージによってカバーされることはない。

仮に旧システムが何らかのパッケージの場合には，そのパッケージでマスタや取引残高を電子データに出力するツールを具備していることがあり，その場合には①②の対応負荷は下がり，利用企業の多いパッケージであれば，③④に対応するツールを提供している場合もある。

③　移行を成功させるために

移行を成功させるための王道や魔法はない。仕事を成功させるための原点，すなわち，念入りな計画を立て，その計画の遂行を阻むリスクを洗い出して，リスク対策を地道に行っていくことである。

計画には，**コンティンジェンシー・プラン（起こり得る不測の事態，特に最悪の事態を想定して立てる計画）** を盛り込み，万が一，不測の事態が発生した場合に，被害を最小限に抑えるための対応策を練っておくことが望ましい。

コンティンジェンシー・プランを策定することができている場合には，リスク管理ができていると判断できるが，策定されていない場合，移行作業がうまくいかない可能性があるといってよい。

④　移行リハーサルの実施

旧システムから新システムへの移行は，システム停止を伴うリスクがあり失敗が許されない。作業遅延や移行データ不備は取引先にも影響を与えかねない。そこで，移行計画や移行手順を念入りに作成し，限りなく本番と同じ環境でリハーサルを行う。移行リハーサルは最低3回実施する。

移行リハーサルの目的は大きく2つある。1つは**時間計測（時間内に移行処理，手順を完了できるか）**であり，もう1つは**手順検証（計画・準備した移行手順が実用に耐えるか）**である。

データ量が多い場合には，移行プログラムの処理速度に影響を及ぼすので，実データ，実際の移行環境に極力近い状態でリハーサルを行うようにする。

本番移行は，データ受領，確認，投入，結果確認と前後作業に依存関係があり，関係者も多くなるため，あらかじめ手順書を作成して担当者がいなくても移行を実施できるようにしておく。リハーサルでは，全体の流れに問題がないかを見つつ，実施体制に課題がないかの見極めも行う。

（6）テスト・教育・移行の融合

テスト・教育・移行はバラバラの体制で行うことがあるが，実際にはこれらは相互に関連している。例えば，ユーザー教育を行った後に受入テストを行うことや，受入テストは本番移行と同等の環境で行うことである。大人数のプロジェクトになると相互連携ができていないことがあるが，その場合，作業工程にムラが起こるだけでなく，これらの工程の品質低下にもなり得る。

2 本番稼働を迎える準備

（1）本番稼働判定基準の設定

新システムの本番稼働を迎える作業は，どんな時でも大変であり，宇宙ロケットの打ち上げのような緊張感があるものである。それは何回リハーサルを行ったとしても，外部の取引先を交えた本番稼働はただ1回なので，準備をし尽くしても不安になるものである。

本番稼働を失敗させない方法の1つとして，本番稼働を迎えることができるかどうかの稼働判定基準を設け，旧システムから新システムに切替えできるレベルに達しているかを確認することがある。その例として，金融機関では金融

庁が「システム統合リスク管理態勢の確認検査用チェックリスト」を公表し，システムの移行判定に関しては「取締役会は，システムの稼働判定基準を承認しているか」とチェック項目が明記されているほどである。

　本番稼働判定基準を設けて新システムへの切替えに備えることは，**開発しないシステム**と従来型のシステムとで違いはないが，大切なことなので，筆者が経験として培ったものを次に紹介する。

---

① **業務とシステムとのマッピング**
・新システムを元にする業務フローが関係者と共有されているか
・新業務フローの中で，システム化すべきものの漏れはないか
・各担当者が新業務フローの中で自分の業務内容を認識しているか
・新業務フローの中で，新システムの処理方法を理解しているか

② **システムの完成度**
・新業務フローで，システム化すべきとされた要件は実現されているか
・必要な機能の検証は十分にできているか
・エラーとなり流れないような処理はないか
・ベンダーに問い合わせないと解決できない課題はないか
・エラーが発生した際のリカバリ方法が確立されているか
・請求書などの対外帳票について出力内容が妥当であることを確認したか
・手作業を余儀なくされるものは，業務に支障がない軽微なものか

③ **マスタメンテナンス**
・新しいマスタの登録手順が周知徹底されているか
・マスタの変更手順が周知徹底されているか
・利用者のマスタメンテナンスの習熟度は満たされているか
・各担当者がマスタ更新フロー上の自分の役割を認識しているか

④ **テスト**
・予定されたテストはすべて実施され，問題は解決しているか
・テストで発覚した課題は解決しているか
・課題の発生状況と収束状況は品質基準をクリアしているか
・本番と同じ環境でのテストが完了しているか
・ユーザーによる受入テストが完了しているか

⑤ **移行**

- ・システムを稼働するのに必要なマスタが本番システムに整備されているか
- ・移行されたマスタの値がすべて正しいことを確認しているか
- ・旧システムからの残高データ（受注残，発注残，請求予定明細，支払予定明細など）の移行結果が現場より承認されているか
- ・旧システムからの残高データ（受注残，発注残，請求予定明細，支払予定明細など）が問題なく後続処理される確認がとれているか
- ・旧システムからの残高データ（受注残，発注残，請求予定明細，支払予定明細など）はすべて正しく移行されているか
- ・本番切替時のタイムスケジュールに沿った移行リハーサルが事前に行われ，問題ないことが確認されているか
- ・本番稼動前までの旧システムのマスタ変更管理が現場に周知徹底され，新システムへの反映方法が確立されているか
- ・移行リハーサルを実施し，発生した問題は解決されているか

⑥　ユーザーID，権限
- ・利用するすべての人にユーザーIDが発行されているか
- ・権限（アクセス制限）を厳しく設定しすぎて業務が止まったりすることがないか
- ・権限（アクセス制限）を甘く設定しすぎていないか
- ・利用するすべてのユーザーが，事前にログインできることを確認しているか

⑦　パフォーマンス
- ・新システムのユーザーがストレスを感じるほどの遅い処理はないか
- ・バッチ処理は想定時間内に終了することが確認できているか

⑧　利用者の習熟度
- ・利用者がシステムを操作することの研修は十分に行っているか
- ・利用者が操作等に困った場合の対策がとられているか
- ・利用者が新システムの概要を正しく理解しているか

⑨　本番切替
- ・本番移行時のコンティンジェンシー・プランが策定されているか
- ・本番移行がうまくいかない場合の切り戻し基準は立てられているか
- ・本番稼働時のヘルプデスク体制が確立されているか
- ・トラブル発生時の体制，方針，手続は明確にしているか
- ・解決できない課題が発生した場合の問い合わせルートが確立されているか

（2）ヘルプデスクの立ち上げ

　本番稼働判定基準にも挙げたが，システムの切替え時とその直後には利用者からの問い合わせが多くなり，その対応としてヘルプデスクが必要となる。

　ヘルプデスクの仕事は，システムに関する問い合わせへの対応業務で，その内容は，システムの使用方法やトラブルシューティングである。

　自前でヘルプデスクを立ち上げると，ノウハウやスキルの欠如が露呈することがあり，それらが欠如していたらそもそも立ち上げることすらできない。ヘルプデスクのためのパッケージも多くあるので，ツール活用が効果的かつ効率的である。ヘルプデスクツールは次の機能を有する。

①　問い合わせ管理

　利用者から問い合わせがあると，「日付」「問い合わせ者」「問い合わせ内容の分類」等を記録し，それらへの対処を誰が行っているかを示す「担当者」や「ステータス」（対応中，解決済など）等を管理する。

　そのような記録はエクセルで管理していることが多く，エクセルのフィルター機能を使って「対応者」別，「ステータス」別等により分析していることをよく見かける。エクセルで十分だから，ツールを導入する必要はないと考える人も多いが，一定以上の問い合わせの担当者になると，同じような質問を利用者と共有して不要な問い合わせを減らしたくなったり，担当者内でもそのノウハウを共有したくなったりするものである。

　問い合わせ情報を共有することによる効率化は，「**FAQシステム**」と「**チャットボット**」によって実現できる。

　FAQは，Frequently Asked Questionの略で，「よくある質問」と訳せるが，質問をまとめるだけなら利用者のためにならず，その回答をあわせて記載しておかなければ意味をなさない。ツールを使わなくてもFAQを整備することはできるが，質問の量が多くなってくると定期的にメンテナンスをせねば使い物

にならないFAQとなり，その手間暇がバカにならず，結局使えないFAQとなってしまう。昨今では，**AI技術でFAQ集を自動的に作成することができる**ヘルプデスクツールがあるため，その活用を検討したい。

　チャットボットは，チャット（会話）とボット（ロボット）を抱き合わせた言葉で，AIを活用した「**自動会話プログラム**」である。FAQチャットボットになると，FAQの機能をチャットボット化したもので，オペレーターが介することなく利用者からの問い合わせに自動で回答できる。その結果，人件費削減や社内問い合わせへの対応を効率化することが期待できる。

②　問い合わせ管理のスピードと品質の向上

　ヘルプデスクは，利用者からの問い合わせに対応するという，いわば受け身の業務であり，受け身を続けているだけでは生産性は向上しない。その点，社内FAQを整備しておくと，社内各所から担当者へ寄せられる質問に関し，あらかじめ回答を用意することで質問せずとも自己解決できる。社内FAQの作成と利用は，担当者の負担を減らすだけではなく，社内にナレッジを共有するスペースを作ることで各従業員の知識レベルの向上も望むことができる。

　また，ヘルプデスク作業が属人化すると，対応へのスピードや品質向上を阻害するので，対応方法のフローや，これまで行ってきた対応状況を可視化し，対応方法の標準化をしていくことが望まれる。

3　システムの運用と保守

（1）システム運用とシステム保守

　システム運用とシステム保守は，システムの運用・保守とひと言で表現することが多く混同されがちであるが，本質的に異なる業務である。

①　システム運用

完成したシステムを稼働させるために必要な業務のことである。例えばマシンの電源を管理したり，ソフトウェアの起動・停止，バックアップ，監視，バッチ処理など，特別な出来事（課題やヘルプ対応）がなくても必要不可欠な業務で，障害発生時の対応も含まれる。

さらに，ユーザーIDの追加，削除や，組織変更への対応などもシステム運用業務である。

②　システム保守

システムの不具合修正など「システムの改修や調整，修理をする作業」，つまり，システムに対して変更を加えるのが運用と大きく異なる。バグの改修やシステムのチューニングをはじめ，サーバ機器のリプレースも保守の作業範囲に含まれる。

（2）本番稼働後に重要となるシステムの運用・保守

本番稼働前には念入りなテストをしたシステムでも，使用を重ね，新たな使い方やプログラムが導入されていくと，これまでは問題なく稼働していたシステムであっても不具合が生じることもあり，正常な動作が失われてしまうことがある。こうした場合に対応するのがシステムの運用・保守業務である。

世の中には，警備やセキュリティ対策のように何もなくて当たり前だが，何かあったら大問題が発生するため，実施する業務があるが，運用・保守もその類いで，軽視していると，いざ何かが起こると大変な目に遭うために行われる。

①　システム障害への対応

システム障害は，自社だけでなく関係者のミスによっても起こり得るものである。障害が発生した場合は，障害の原因特定，そして解決へと，時間・分単

位での戦いになる重要な役割を担っている。

②　日常的なメンテナンスが重要

　システム運用で望まれるのは障害が発生しないことであるが，そのためにはモニタリングや定期点検などの日常的なメンテナンスが重要になる。予測できない障害が起こらないようリスク管理を行い，システムを安定して提供し続けることが大切である。

（3）ヒト不足が課題の運用・保守

　システムの運用・保守業務は，難易度が高く，必要不可欠な業務にもかかわらず，次の理由により慢性的なヒト不足の状況になっている。

①　24時間365日の就業

　システムは24時間365日の稼働が求められることが多く，運用・保守もシステムの稼働に合わせた業務対応が必要となるが，シフト制の就業とはいえ，トラブルは深夜休日関係なく起こり得るので，成り手が少ない。

②　仕事が評価されない，価値の認識不足

　障害対応は，「障害を特定するための切り分け能力」「判断力」「障害から復旧させる際のスピード」が求められる高度な仕事であるが，その価値の対価性は低い。そのため，運用・保守は安ければそれに越したことはないとの発想になり，十分に人を確保するだけの予算が投じられていない。

③　独自に開発したシステムの専門性

　独自に開発したシステムでは，多くの専門性があり，そのノウハウを持った人でないと運用・保守を担うことができなくなってしまう。ここでも**独自開発システム**の弊害が起こる。

（4）クラウド化により運用・保守のヒト不足を解消

　独自に開発したシステムであれば独自に運用・保守業務を遂行する必要がある。その点，パッケージ利用，特にクラウドを利用する場合には，運用・保守にかかるヒト不足を解消することができる。

　次表は，運用・保守の業務一覧のサンプルであるが，独自に運用・保守を行う場合，これらすべてに対処せねばならないことを認識しておくべきである。

【システム運用・保守の業務一覧（サンプル）】

大項目	中項目	小項目
稼動管理・稼動監視	システム運転時間管理	運転時間の管理
		時間外利用の管理
		起動から終了までのオペレーション
	システム稼働率	運転時間，停止時間の管理
	状態監視	死活監視
		メッセージ監視
		ハードウェア監視
		サービスの監視
	ジョブ実行管理	ジョブ管理
性能管理	性能情報収集	サーバ性能管理
		トラフィック監視
		プリンター管理
障害管理	障害対応	障害通知
		障害発生時の原因究明
		暫定復旧策検討
		復旧策実施
		障害報告
		恒久対応策検討
		傾向分析
		予防措置

大項目	中項目	小項目
セキュリティ管理	不正アクセス管理	不正アクセス報告と対応
		ポリシー設定，変更
		操作ログ調査・分析
		定期ログ集計報告
	継続性管理	事故・災害時計画立案
	ウイルス対策	パターンファイルの更新
		ウイルスの発見，検知の方法
		セキュリティホールのチェック
		発見，検知時の対応
		通知体制
		定期ログ集計レポート
情報管理	システム利用実績管理	システム利用実績管理
	入退室管理	入退室管理
構成管理	ネットワーク構成管理	構成管理
		IPアドレス管理
	ソフトウェア構成管理	構成管理
	ハードウェア構成管理	構成管理
	ドキュメント管理	運用ドキュメント管理
		設計書管理
	ライセンス管理	ソフトウェアライセンス管理・資産情報の維持管理
	ソフト管理（パッチ適用）	パッチ適用
	アップデート対応	バージョンアップ対応
		リビジョンアップ対応
変更管理	変更管理	実施検討
		変更スケジュール
		変更実施
リリース管理	リリース管理	計画立案
		利用者との調整
		リリース実施
サービスレベル管理	運用実施管理	運用計画書の作成
		運用実施報告書の作成
		運用実績に対する評価
		運用実績から見た提案

大項目	中項目	小項目
		保守作業の実施報告
バックアップ管理	バックアップ計画	システムバックアップ
		データバックアップ
	ストレージ管理	ストレージ管理
	媒体管理	媒体管理
	世代管理	世代管理
	リストア管理	リストア管理
全般事項	ナレッジ管理	運用ナレッジ管理
	利用環境管理	ユーザー管理
		端末管理

（5）クラウド化におけるリスク管理

　　クラウドには様々なメリットがあるが，世の中良い話ばかりとは限らず，クラウド化によるリスクが存在することを留意しておく必要がある。

【クラウドに係るリスク】

クラウドリスクの種類	クラウドリスクの内容
セキュリティに係るリスク	クラウドは開かれたネットワーク上で展開されるサービスであり，それに起因したデータが漏えいするリスク （例） ・伝送データの漏えい ・残存データの漏えい
サービスレベルに係るリスク	クラウドサービス業者が原因となり，サービスの維持・継続が損なわれるリスク （例） ・サービスの停止 ・パフォーマンスの低下
法制度に係るリスク	クラウドサービス領域が日本に限定されない場合に，各国間の法規制のギャップが起こすリスク

（出所）広川敬祐ほか『エンジニアが学ぶ会計システムの「知識」と「技術」』（翔泳社，2020年）283頁

205

クラウドに係るリスクは，前頁の表のとおり，大きく「セキュリティ」「サービスレベル」「法制度」の3つに分類することができる。

これらのリスクに関する具体的な例示，および対策について説明する。

① セキュリティに係るリスク例―伝送データの漏えい

クラウドサービスは，ネットワークでのデータ伝送をベースとした仕組みとなっているため，クラウドサービス提供会社と利用者側との間で伝送されるデータが漏えいするリスクがある。

このリスクに関して，クラウドサービス提供会社は伝送データに対して暗号化対策を施しているのが通常である。対策の例では，SSL/TLS（Secure Socket Layer / Transport Layer Security）などが挙げられる。また，標準的な暗号化だと不十分である場合は，採用するサービスによっては追加の暗号化施策を講じることも可能な場合がある。

② セキュリティに係るリスク例―残存データの漏えい

クラウドサービスの利用終了後に，クラウド環境に残っているデータが漏えいするリスクがある。

クラウドサービスは，複数の利用企業が共有のインフラやアプリケーションを使う構成（マルチテナント）になっているので，自社がサービスの利用を終了したとしても，それまで使用していたデータがクラウドのデータベースから削除される保証はない。また，たとえ削除されていたとしても，ハードウェアの物理的な破壊やデータの磁気的な消去により，データを完全に消去することが困難であるため，残存したデータが漏えいするリスクがある。

最近では，サーバ等の機器交換や機器廃棄の際の手続を適切に実施していることを表明しているクラウドサービス提供会社が増えてきている。

③ サービスレベルに係るリスク例―サービスの停止

クラウドサービス提供会社のサーバダウン等により，サービスが利用できな

くなってしまうリスクがある。クラウドサービスの利用は，サービス提供会社の保有する設備に依存する。したがって，提供会社側の設備の故障やメンテナンス時の人為的なオペレーションミス等により機器が正常に稼働せず，サービスが停止してしまうということがあり得る。

　このリスクを防ぐためには，まずクラウドサービス利用開始前に，自社が利用する当該サービスに関係する設備やシステム構成を確認しておくことが必要である。特に，グローバルでサービス展開している提供会社の場合は，海外にサービス提供環境を置いていることもあるため，サービスレベルのみならずデータ保護の目的においても，所在国・地域を特定しておくことが望ましい。

④　サービスレベルに係るリスク例―パフォーマンスの低下

　リソース不足やトラフィック増加により処理が遅延するリスクがある。パフォーマンス低下に関しては，大きく2つの理由があり，クラウドサービス提供会社側のリソース（サーバのCPU処理能力等）と，ネットワーク構成である。

　例えばクラウドメールサービスを利用している場合は，ユーザーはインターネットの出入口であるプロキシサーバを介してメールサービスにアクセスすることになる。そこで集中的に多くの人がメールを利用すると，出入口が混雑してしまい，通信が遅延する，あるいは通信できないといった状況が発生する。また，ネットワークの帯域そのものが小さいことも原因となり得る。

　このようなケースでは，ネットワークの出入口を複数箇所設けるか，迂回経路を設けるような対応が必要となる。

⑤　法制度に係るリスク例―各国の法制度の違い

　海外のクラウドサービスを利用する場合，データを保管する国の法規制等により不利な取扱いを受けるリスクがある。日本との法制度の違いにより，データの保護規制などで，各国の法規制を知らずにデータを適当な国のシステムに保管してしまうと，法令違反となる可能性がある。

　他にも個人情報保護という観点で，2018年にEUで一般データ保護規則

（General Data Protection Rule: GDPR）が適用され，対応が必要である。この規則は日本の個人情報保護法（2016年改正）とは異なる点も多くあるため，海外のシステムに情報を保管する場合，またはその逆の場合に留意が必要である。

　各国，個々の法令の要求事項を読み解いていけば，考慮すべき事項はキリがないが，最低限検討しなければならないのは，クラウドサービス利用の際の情報保管場所を明らかにした上で，極力身近な場所に置くことである。最近では外資系のクラウドサービス提供会社も日本にデータセンターを持っていることが珍しくない。また，外国政府や当局の介入による予期せぬサービス利用停止などを防ぐためには，クラウドサービス提供会社とのサービス利用約款の準拠法や管轄裁判所を日本にしておくという対策も有効である。

4 所有するシステムから使うシステムへ

　パソコン，コピー機，オフィス家具など，ひと昔前は購入していた資産について，最近では，レンタル・リース・購入のいずれの方法がよいかを選択する時代になってきた。どの方法を選ぶかは，節税や資金繰り，費用対効果，財務比率への影響等によって検討するが，パソコンの場合に次の判断基準がある。

　例えば，ノートパソコンの場合，画面の大きさや重量が価格に影響を与えるが，12インチと15インチの価格差や1kgと2kgの重量差と仕事の効率性，利便性を比較すると，価格差以上の違いがある。

　本書で述べてきた，会計や人事，経営管理といった分野のシステムをクラウド化する場合においても，費用対効果などの数字以上に次の違いがある。

【レンタル・リース・購入の判断】

項目	レンタル	リース	購入
契約（償却）期間	任意で設定可能	使用可能期間 （法定耐用年数など） の70％以上	使用可能期間 （法定耐用年数など）
解約	可能	不可 （残リース料支払）	—
対象物件	汎用性のあるもの	任意	任意
固定資産税・動産保険	レンタル会社負担	リース会社負担	ユーザー負担
保守・修理・除却費用	レンタル会社負担	ユーザー負担	ユーザー負担
陳腐化対応	可能	一部可能	不可
資金面	平準化可能	平準化可能	導入時に全額
会計処理・法人税	オフバランス （経費処理）	オンバランス （資産計上）	オンバランス （資産計上）

（出所）横河レンタ・リース（https://www.yrl.com/guide/chigai.html）

（1）システム基盤とサイジング

　会計や人事業務は，月末月初や決算期といった業務の繁忙期があり，その
ピーク時の業務に対応できることをハードウェアのスペック検討時に考慮する
が，システムを所有する場合はトラブル発生時の弾力的な対処が難しいため，
スペックを過大見積りする傾向にある。

　クラウドサービスであれば，必要に応じて，システムリソースの拡張・縮小
の調整が可能であり，基盤構築に向けた設計・検討の手間の軽減やハードウェ
ア調達のリードタイムを考慮することも不要なため，システム基盤の導入期間
が短縮され，本番環境だけでなく，開発環境や検証環境を効率的に構築するこ
とができる。

（2）運用負荷の軽減

　システムを所有する場合には，運用担当者がシステムの状態（CPU負荷・メモリのリソース状況・プロセスの稼動状況など）を常に監視し，何かあれば自前で障害対応を行う必要がある。運用担当者の負荷は事業の拡大とともに増し，作業内容の属人化も比例して増えていく。

　クラウドサービスでは，サービス提供会社が運用監視を担当し，システムが最適な状況で提供される。また，障害復旧やシステム更改などに気を配る必要もなくなり生産性が向上する。

（3）BCP対策

　クラウドサービスが提供するデータセンターは，地理的・物理的に安全な場所に設置されているし，冗長化への対応や定期的なバックアップの設定がされている。災害があったとしてもDR（ディザスターリカバリ：災害復旧）が考慮されており，災害発生時でもシステムが稼働し，利用者からすればネットワーク環境さえ整えばシステムにアクセスすることが可能となる。

　これと同様の仕組みを自社所有で行おうとすると，それ相応のコストがかかり，事業継続性の面でもクラウドサービスは有用といえる。

（4）セキュリティ対策

　クラウドサービスはセキュリティが心配だと懸念する人がいる。たしかに自社の情報資産を他社に委ねるわけであるからその懸念は理解できる。しかしながら，サイバー攻撃などの不正アクセス手段が高度化し，クラウド事業者は専門家として最善な施策を打つため，自社でセキュリティ対策を施すより堅牢な場合がある。

【セキュリティ範囲と責任】

	SaaS	PaaS	IaaS	セキュリティ対策例
データ，コンテンツ		利用企業自体が対策 するセキュリティ範囲		アクセス制御 データ暗号化
アプリケーション				セキュアプログラミング 脆弱性診断
ミドルウェア				脆弱性パッチ 権限設定
OS				脆弱性パッチ 権限設定
ハードウェア／ネットワーク	クラウド事業者が対策する セキュリティ範囲			物理セキュリティ アクセス制御
サービス運用				物理セキュリティ 運用手順

　また，クラウドサービスの利用で心配なことに「情報漏えい」があるが，自社所有のシステムとクラウドサービスとでは情報漏えいの点で，課題の次元が異なる。

　例えば，次図はセキュリティ範囲に関しての利用企業とクラウド事業者との責任範囲を示したものであるが，情報漏えいが人為的原因で起こる場合が多いことと同様に，クラウドサービスの利用であっても利用企業が対策をすることもある。

（5）継続的イノベーション

　会計や人事の領域は，法令の改正が多く，税率や保険料率等の変更対応は定期的なメンテナンスを必要とする。

　また，電子帳簿保存法の改正においては，対応が義務ではないが業務効率を高めることができるし，IoT等の技術進展によって勤怠管理をより便利に行うこともできる。

　いまや経営管理者が経営状況をスマホで即座に把握できるのが当たり前の時

代になっているが，残念なことにスマホでアクセスできないシステムを擁している会社も少なくはないのが実態である。

自前でシステム構築をすると，その時点では最新の技術を元にしているかもしれないが，数年経過するとその技術は陳腐化していく。その点，クラウドサービスは定期的なバージョンアップがある。

（6）中長期のITコストの見える化と適正化

ほとんどのクラウドサービスの料金体系は，サブスクリプション（最近，略してサブスクと呼ばれることが多い）という一定期間，定額の利用料を支払うものとなっている。

この形式であると，長く使用し続けると購入する場合と比べて支出総額は多くなるが，その分，機能拡張の便益も得ることになる。そのITコストが毎期一定金額になることは経営上の計画が立てやすくなることを意味する。

クラウドは利用しなくても料金が発生するので，損得計算を気にするならむしろ，最大限利用するほうが得策である。

（7）クラウド・バイ・デフォルト原則

政府では2018年に「政府情報システムにおけるクラウドサービスの利用に係る基本方針」で「クラウド・バイ・デフォルト原則」を提唱している。

これは，コスト削減や柔軟なリソースの増減等の観点から，クラウドの採用をデフォルト（第一候補）とし，政府情報システムのコスト削減や，ITリソースの柔軟な配分を実現するために，取り扱う情報の特性や必要なセキュリティレベルを踏まえた上で，システム更改のタイミングに合わせてクラウドサービスの導入を検討することとしているものである。

ここで示されているクラウドのメリットは次のとおりである。

① **効率性の向上**

　リソースの共有によるコスト低減と導入期間の短縮が可能

② **セキュリティ水準の向上**

　新しい技術を積極的に採用し，規模の経済による情報セキュリティレベルが向上

③ **技術革新対応力の向上**

　AIやビッグデータ，IoTなどの最新技術を元にした新しい機能をクラウドサービス提供会社より提供

④ **柔軟性の向上**

　リソースの追加や変更などが容易な点もクラウドのメリットの1つといえる。短期間だけ運用するシステムや，利用する機能の組み合わせを変更することで，業務の変更にも柔軟に対応

⑤ **可用性の向上**

　ミッションクリティカルなシステムを24時間365日の稼働で実現するのは従来型では大変な負荷であったが，クラウドであれば過剰な投資を抑えながらの実現が可能であるし，大規模災害への対応も可能

第 9 章

開発しないシステムの効果とコスト

　"こうあるべき" と理想論を掲げても，それを実行しなければ何の意味もない。実行するにはコストを要する。コストを投じるからにはそれを上回る効果が見込める必要がある。

　こうした話をすると，"費用対効果" になるが，費用対効果とよく似た言葉に "投資対効果" があるが，両者は同じようで異なるものである。

　例えば，テレアポを目的としたテレマーケティングに支出したとすると，それに対してどのくらいのアポがとれたのか，どれだけの受注につながったのかを測定するのは「費用対効果」である。それに対して，そのテレアポの行為から潜在的な見込顧客の情報収集ができたり，アポを断られた理由の中に新たなビジネスチャンスが含まれていたり，となれば，将来得られるリターンも含んだ "投資対効果" になる。

　・費用対効果→費用の投下を止めると，同時に成果も止まるもの

　・投資対効果→将来得られるリターンを期待して行うもの

　日本では，システム化案件を経営管理者に上申すると，「それでどれだけコストが削減されるんだ，いくら儲かるんだ」となることが多い。

　第 9 章では，システム化投資にあたり，将来得られるリターンがどれだけ潜んでいるかの投資対効果を考えるヒントを述べる。

1 環境変化に対応するためのレガシーシステムの刷新

　ビジネスを取り巻く環境の変化は速い。速すぎる。その変化への対応のためにIT化が求められていることは論をまたないが，そのIT化が2〜3年もかかるようでは話にならない。

（1）ビジネスの環境変化に対応できないレガシーシステム

　いまや多くのクラウドサービスが提供される時代となった。クラウドは新たな設備を準備することなく，ビジネスの変化にも柔軟に対応できるはずであるが，ボトルネックになるのがレガシーシステムである。

　レガシーシステムとは，時代遅れの古い仕組みのことで，情報システムにおいては主に旧来の技術基盤により構築されているコンピュータシステムのことをいう。ここで「旧来の技術基盤……」というと"昭和の時代"と皮肉る人がいそうだ。それは誤りではないが，ここでいう"旧来"は5年でもなり得る。

　どこの時代が旧来かはともかくとして，古いこと自体が問題ではなく，レガシーシステムの問題は，何らかの改修を施そうとしても，仕様がブラックボックス化され，その改修によってどのような影響があるか怖くて手をつけられず，結果として変化に対応できないことである。

　仕様書とプログラムの実態がかけ離れ，ひどい場合には仕様書そのものが存在せず，開発した担当者は退社し，協力会社にヘルプを求めてもお手上げという状況になってしまう可能性があるのがレガシーシステムである。

（2）ブラックボックス化を解消しようとすることで命取りに

　そうした状況は好ましくないと，現状を徹底的に分析して棚卸を行ってブラックボックスを解消しようと試みる場合がある。しかし，その作業自体にも

216

人手とコストがかかり，その間にも環境変化はさらに進んでいく。

　レガシーシステムは，その時点での技術や慣習を前提としているものであるので最新のものを前提としていない。その状況でブラックボックスを解消するために，当時の設計思想が前提のものに新たな仕組みを作っても，システムのプラットフォームが変わるだけで目に見える進化を遂げることはできない。

　例えば，レガシーシステムは多くの帳票出力機能を有している。紙は昔から大切とされているもので，たかが紙されど紙である。その頃は，会社に出勤するのが当たり前で在宅勤務の試みもなかった。近年，働き方改革によるペーパーレスの推進や，電子商取引の拡大といった商慣習の変化，電子帳簿保存法の改正，何よりコロナ禍による在宅勤務の要請によって，帳票・紙の存在自体を根本から見直す必要性が生じている。こうした状況下，レガシーシステムから出力される帳票を調査することや，その代替を検討する必要は全くない。したがって，ブラックボックスを解消しようとするレガシーシステムの調査はムダだけでなく，結局，環境変化に対応できない，命取りになってしまうおそれがある。

（3）レガシーシステムの欠点

　日本企業は，長らくレガシーシステムによって支えられてきた。2000年問題（西暦の下2桁が「99」から「00」に変わることによるシステム障害に対応した大規模改修）は，レガシーシステムの刷新チャンスであったが，その頃はインターネット・パソコンの普及が今ほどでなく，スマホもない時代である。

　グーグル社の設立は1998年であり，同社がクラウドを提唱したのは2006年であるので，レガシーシステムのモダナイゼーション（近代化）はいまだ道半ばであり，始まったばかりといってもよい。

　レガシーシステムはなぜ悪いのか。欠点を挙げると，次のとおりとなる。

- ・仕様に精通する技術者が希少でロックイン（離れられない）される
- ・ロックインの対価である保守・運用費用の支出が続く
- ・技術者の高齢化に伴う要員不足とノウハウの喪失リスク
- ・サポート切れのシステムとなる
- ・新しいIT技術を活用しづらい

　こうして簡単に挙げるだけでも，レガシーシステムが稼働し続けることによって企業が多くのものを失っていることがわかる。

2　DX（デジタル・トランスフォーメーション）の推進

（1）DXとは

　昨今，DX（デジタル・トランスフォーメーション）がいろんな場面で提唱されている。そのDXは一般的に「AIやIoTなど最新のデジタル技術によるビジネス構造の変革」と定義され，デジタル化ということで紙やコミュニケーションのデジタル化と勘違いされている場合があるが，本質的には，**第3のプラットフォーム（クラウド，モビリティ，アナリティクス，ソーシャル技術，等）を利用して新しい製品やサービス，新しいビジネスモデルを通し，ネットとリアルの両面で価値を創出して競争上の優位を確立すること**といえる。

　しかし，経済産業省のDXレポートによると，日本企業はある程度の投資を行っているものの実際のビジネス変革にはつながっていないとされ，その背景にレガシーシステムの老朽化，複雑化，ブラックボックス化を挙げ，既存システムの保守に資金や人材が割かれ，新たなデジタル技術を活用するIT投資にリソースを向けることができていないといった問題を指摘している。

　さらに，日本企業がこのまま戦略的IT投資を行わないでいると，やがて外

国企業とのデジタル競争に敗れ去る事態が続出するといわれている。経済産業省の予測によると2025年以降，日本全体で毎年12兆円の経済損失が発生するとされ，そのことが「2025年の崖」と称されている。

　日本企業がこの2025年の崖から転落しないためには最新のデジタル技術の活用による新ビジネスモデルの創出が必要となる。従来の部分最適によって構築されたレガシーシステムの運用コストも過剰となっているので，DXに対応する基幹システムの抜本的な見直しが急務となってきている。

（2）DXに対応できるパッケージの導入を行う

　DXの本質は，第3のプラットフォームを利用して，新しい製品やサービスを通して価値を創出することにある。この"新しい"ことは自社要求から生み出すことはできず，外部から採り入れてくるものである。

　しかし，多くの日本企業はDXに対応する新たなシステム作りとして，まずは自社要求を取りまとめ，それを開発する手順でDXを実現しようとしている。ここに日本企業のDX移行ができない根本原因が潜んでいる。

　従来のシステム手順を元にすると，ユーザー要求を実現するために要件定義を行い，ユーザー要求が満たされない部分については追加開発を行ってきた。そして，ユーザー要求を優先して追加開発された基幹システムはパッケージ本来の利点であるシステムの技術刷新に対する柔軟性を欠くこととなり，その結果，急速な環境変化に対応できず，また周辺システムとの連携も困難となり，塩漬けになって運用コストが膨れ上がるのが現状となっている。

　ITリサーチ会社のガートナー社の「ポストモダンERP」のコンセプトでは，DXに対応できるパッケージソフトは，

---

① 基盤として安定した信頼できるパッケージソフトであること
② 周辺システムと連携容易な疎結合型のパッケージソフトであること

との２つの要件を示している。

　すなわち，DXに対応した**基幹システムは，**まずは**基盤としてしっかりとし**た実績のあるパッケージソフトを中心に配置し，会計管理，在庫管理，購買管理，生産管理，販売管理といった基幹業務をその基盤となるパッケージで運用することを前提とし，**基幹業務そのものはユーザー要求による追加開発を行う**のではなく，**できるだけパッケージの持つ標準機能を利用すること**としている。

　そして，新たなプラットフォームとなるDXに関わる部分，すなわち，AI，IoT，ブロックチェーンなど**最新のデジタル技術を利用する周辺業務はパッケージとは別に，DX専用のプラットフォームの上に構築していくべき**としている。DXに関する技術の進歩は今後ますます加速するため，企業の基幹システムに影響を与えることのないシステム導入が求められるからである。

　ただし，基幹業務に利用するパッケージはDX用のプラットフォームと容易に連携できるように，あらかじめ多様なインターフェイスができるような機能を備えていなければならない。これが周辺システムと連携容易な「疎結合型」のパッケージであることの意味である。

　つまり，従来の基幹システムではパッケージが提供する機能と同じプラットフォームに追加開発をしたが，追加開発をすべきでない基盤であるデジタルコアERPの部分と，周辺システムと連携容易な疎結合型のパッケージとに分解することによって，最新のデジタル技術によるビジネス構造の変革を推進する。

　DXを推進していく要諦は，DXを実現する周辺システムと基幹システムが柔軟かつ迅速に連携できることと，将来にわたって標準機能を利用し続けるために基幹システムへの追加開発を排除することである。

　この両者を分けることができないので，仕様がブラックボックス化し，何か改修を施そうにもどこに影響するかがわからなくなる。

　また，仕様が膨れ上がっていく背景には，些細なユーザー要求に対してでも基幹システムの中で改修をしてきたことがある。

　これまでの内容を図解すると，次図のとおりとなる。

　DXを推進していくためには，デジタル技術を支える肝心の基盤となるパッ

【従来の基幹システムとDXに対応した基幹システム】

<従来の基幹システム>
パッケージソフトの中で追加開発

<DXに対応した基幹システム>
パッケージソフトの外で追加開発

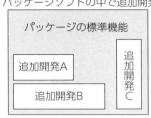

解体/置換

追加開発しない
ことで，コア部分
を最小化する

・過度に追加開発されていてパッケージ
　ソフトの標準機能の利用度が低い
・仕様変更に対して柔軟性に欠ける
・急速に変化するビジネスニーズに迅速
　に対応できない
・周辺システムとの連携にも開発が必要
・大量の追加開発のため，運用コストが
　肥大化している

・基幹業務はデジタルコアERPに集約し，
　その中では追加開発しない
・AI，IoT，ブロックチェーンなど，最
　新のデジタル技術を持つSaaS型の周
　辺システムとの接続を短期間・低コス
　トで導入する
・複雑化を回避することで，運用コスト
　を下げる

ケージの土台構築が必要である。

（3）複数拠点（どこでも）のシステム統合

　昨今のグローバル化により，海外拠点（国内拠点であっても課題の本質は同じである）の経営管理を迅速かつ安価で実行することが求められている。

　これまでシステム導入の対象にならなかった海外駐在所などの小さな拠点や，M&Aにより買収した海外子会社などにも国内本社によるグローバル化の要請から迅速なシステム統合が求められる。

　従来は，そのようなことを実現しようにも多額のシステム投資を余儀なくされ，標準化された導入手法がなく，絵空事のような理想論としてとらえられていた。しかし，これらの制約がなくなればシステム統合が実現できるようになるのではないか。

　パッケージには，本社と海外拠点との2層間をスムーズに連携する仕組みを

用意している（ここで本社を第1階層，海外拠点を第2階層とする）ものがある。本社は所有型（オンプレミス型）パッケージで運用し，海外拠点はクラウド型パッケージで運用している。これら所有型とクラウド型は同じパッケージであり，クラウド型にはあらかじめ海外拠点の導入を想定した標準の業務シナリオを装備しており，本社の所有型（オンプレミス型）との統合シナリオも含んでいる。これは「2層モデル」と呼ばれている。

このモデルでは，拠点間をまたがる受発注処理や在庫転送処理，全拠点を対象とした集中購買や会社間の請求処理など，グローバル取引を想定した業務の標準シナリオと各種取引データのインターフェイスを標準機能として装備していることにより，追加開発することなくシナリオの適用と簡単なマスタ設定だけで迅速に運用できる仕組みとなっている。

また，本社と海外拠点を同じパッケージで運用するメリットは，本社から海外拠点の可視化を短期間・低コストで実現できることである。また海外拠点がその拠点業務の標準化を本社と同じレベルで実現できるところにある。

本社から海外拠点に赴任した場合，業務フローやシステムの画面などが異なっていると手間取ることが多々あるが，同じパッケージでグループ会社のシステムが統一されていると，どこに赴任しても即時運用ができる点がメリットとなる。

2層モデルを図示すると，次図のとおりである。

【2層モデル】

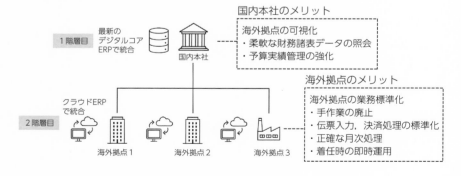

222

　M&Aにおいても，買収先の経営管理のスピード化と標準化を低コストで実現することが求められるが，パッケージのもつ標準機能を活用することによって，それが実現できる。

（4）リアルタイム（いつでも）による経営管理

　環境が変化する中で重要なことは，迅速に対応することである。そもそも環境変化がなければ従来どおりの仕組みを実行しさえすればよいが，環境変化が起こったならばその状況を迅速に把握し，的確に施策を講じることが必要である。

　その意味において，複数拠点（特に海外）の経営管理が，月次報告（状況がわかるのは月1回）というのはお粗末としかいいようがない。

　複数拠点のシステムを1つのパッケージに統合することは業務プロセスの標準化だけでなく，リアルタイムで複数拠点のデータを本社で把握することを可能にする。したがって，「現在」の数字での業績管理が可能となり，経営判断を迅速に実行することができるようになる。

　例えば，生産高データの反映が遅れていると在庫数量にも影響し，在庫数量が正しくないと販売にも影響を与える。これがグローバルレベルで発生すると，損失は計りしれないものとなってしまう。

　経営管理がリアルタイムで実施されていない企業においては，以下の問題を抱えたまま経営のかじ取りを行っているといえる。

① 過去データを分析軸とする

　経営管理者が，数カ月前や先月といった過去のデータを元に状況を分析し，期初に立案した予算対比中心の経営管理を行う。そこで生じる分析は，環境変化による影響値であるが，その影響値を算出するのが精一杯となり，本来必要な環境変化に対応することへの思考と時間を割けなくなる。

② 結果論主義

　財務データの結果だけを分析し，その結果に至ったプロセスを評価しないため，原因がつかみ切れず，タラレバに終始する経営管理となる。

　リアルタイム経営が目指す道は，「過去データ主義」・「結果論主義」ではなく「先行管理」主義であるべきである。要は，過去の結果をもって，いくら分析してみても，すでに結果は出てしまっている。そうではなく，その結果を出すための先行指標・プロセス指標を用いて必要な手を打つことが必要である。

　例えば，過去データとして，売上や受注がある。これらの結果データだけを見て経営判断することは，「バックミラーを見ながら車を運転する」のと同じである。これに対して先行指標・プロセス指標として，新規案件の創出状況，見込客からの問い合わせ件数，見積書の作成数などプロセスを表すデータを見れば，必要な手立てを「結果が出る前に」打つことができる。したがって，リアルタイム経営に必要なパッケージは「先行指標・プロセス指標」を実現するものでなければならない。言い換えれば，先行データを含む各業務に必要なデータを一元管理したパッケージを利用することによって，全社業務の先行指標による先行管理を実現するといえる。

3 ／ 攻めのITにクラウドサービスの活用

（1）1人当たり国内総生産の日本のランキング

　2018年度の名目GDPランキングを見ると，日本は4兆9,464億ドルで，アメリカ，中国に次いで第3位となっている。そして，国民1人当たりの名目GDP（名目GDPを人口数で割った数のことで，国民1人当たりの生産性がわかる）は，OECD加盟国の中で20位とかなり低い順位になっている。

　この原因には，企業の長時間労働や残業による従業員の疲弊をはじめ，日本社会の構造に無駄が多く，改革が進んでいないことが挙げられているが，ひと言でいうならば生産性が低いのである。

　「生産性（Productivity）」は，投入量（インプット）と産出量（アウトプット）の比率のことで，労働生産性や資本生産性があるが，ここでは労働生産性（労働を投入量として産出量との比率を算出したもので，労働生産性＝生産量÷従業者数で表される）に言及したい。

　労働生産性は，労働者1人当たりで生み出す成果，あるいは労働者が1時間で生み出す成果を指標化したもので，労働者がどれだけ効率的に成果を生み出したかを定量的に数値化したものであり，労働者の能力向上や効率改善に向けた努力，経営効率の改善などによって向上するものである。

　こうして労働生産性を説明していくと，この指標を高めるためには業務を効率化して生産性を高めていけばよいと思う人が多い。ここに日本の労働生産性が高まらない原因があると分析している。

　何が言いたいかといえば，生産性は投入量（インプット）と産出量（アウトプット）の比率であるが，業務を効率化しようということは投入量（インプット）を小さくしようということであるが，産出量（アウトプット），すなわち，付加価値を高めようとは考えていないことである。

　比率を高めるには，分母を小さくするか，分子を大きくするか，の2つがある。分母を小さくするために業務の効率化を行うより，作業成果の付加価値を高めていくほうが効果は大きいはずだが，残念ながら日本企業の多くが業務の効率化にしか関心を抱かず，それが労働生産性の高まらない要因であると分析している。

（2）守りのITから攻めのITへ

　業務の効率化を高めようとするのは，労働生産性だけでなくIT投資についても同じである。IT投資によって得たいこととして，米国企業が顧客満足度，

競争優位の獲得，売上増加，新規顧客獲得など「攻め」の投資が中心であることに対して，日本企業のIT投資は，業務コスト削減，業務プロセス効率化，ペーパーレス化と，どちらかといえば「守り」の投資が中心となっている。

　今後のIT投資には，ビジネスのスピードアップに貢献し，新たな価値創出につなげることと，ITを活用して企業全体のガバナンスを強化することが求められてくる。

　経済産業省は，攻めのIT経営を「ITの活用による企業の製品・サービス強化やビジネスモデル変革を通じて新たな価値の創出やそれを通じた競争力の強化に戦略的に取り組む経営のこと」と定義し，毎年，攻めのIT経営銘柄を選考してきた。その攻めのIT経営銘柄を評価する際には，次の5つのIT活用に関わる基準を設けている。

Ⅰ．経営方針・経営計画における企業価値向上のためのIT活用
　　（例）経営方針・経営計画における企業価値向上のためのIT活用，経営者・企
　　　　業価値向上のためのIT活用に関する責任者について 等
Ⅱ．企業価値向上のための戦略的IT活用
　　（例）企業価値向上のためのIT活用の取組み内容とその成果 等
Ⅲ．攻めのIT経営を推進するための体制および人材
　　（例）企業価値向上のためにIT活用を実践するための組織体制・人材確保 等
Ⅳ．攻めのIT経営を支える基盤的取組み
　　（例）情報セキュリティ，システム基盤整備 等
Ⅴ．企業価値向上のためのIT活用の評価
　　（例）実験的なIT投資に関する評価基準，企業価値向上のためのIT活用の評価
　　　　等

（3）クラウドサービスの利用

　総務省が公表している「情報通信白書」では，毎年，クラウドサービスの利用動向の調査結果を報告している。令和元年版の白書では，「ファイル保管・

データ共有」の割合が53.1％と最も高く，次いで「電子メール」（52.2％），「サーバ利用」（51.0％）となっており，「営業支援」（16.7％）や「生産管理」（9.0％）等の利用は低水準にとどまっている。そして，「給与，財務会計，人事」は31.9％で，前年比4.8％増と増加傾向にはあるものの，全体の3分の1程度であるため利用率が高いとはいえない。

　ファイル管理や，メールやコミュニケーションツールなどでのクラウドサービスの利用は普及してきている。また，テレビのCMで見かける名刺管理ツールを利用している人も多いことだろう。

　このような**クラウドサービスは，自社の要求や課題があるから解決しようと採用するものではない**。何かのきっかけで，クラウドサービスを知ることから自社に導入しようと検討していくものである。したがって，クラウドサービスを効果的に利用していくためには，世間にどのようなソリューションがあるかを主体的に調査していくことが求められる。経営のためのIT活用といっても，既存のITソリューションを活用していくのが近道で効率がよい。

4　メンテナンスと継続的改善

（1）バージョンアップが容易となる

　開発しないシステムの最大の効果は，パッケージのバージョンアップが容易になることである。

　通常，パッケージは新機能のリリースや法改正，会計制度の変更などに対応するために，年1回程度のバージョンアップを導入企業に推奨している。もしパッケージに多くの追加開発をしていたとすれば，バージョンアップによりすでに利用している機能にどのような影響が発生するかわからないため，バージョンアップする前にテスト環境にてテストを実行する必要がある。そのテス

トの結果，追加開発したプログラムの影響により不具合が生じると判明すれば，その部分のプログラム改修の必要性が生じる。

　このようにバージョンアップごとに追加開発のプログラムを改修するためのコストと対応期間を考慮すると，バージョンアップができなくなり，いわゆる**塩漬けシステム**となっていく。すると，パッケージを導入するメリット自体もなくなってくる。なぜなら，パッケージは，最初の本番稼働時の機能を最大とするのではなく，時代の環境変化とともにパッケージも進化していくからである。

　パッケージの中には標準機能とは別のエリアに追加開発のプログラムを実装する仕組みを持つものもあるが，その仕組みがどうであれ，事前に影響がないことの確認は必要である。よって，バージョンアップのたびにその影響の確認が必要となるため，その作業を最小化するには**開発しないシステム**の導入が最良の回答であることは明確である。また，**ベンダーのサポートについても追加開発がなければ安価な標準サポートメニューが受けられるため，保守コストの削減にもつながる**といえる。

　昨今のクラウドサービスでは，本番環境のバージョンアップ実行前にテスト環境にてバージョンアップ・テストを自動的に実行する機能を実装している。クラウド型パッケージでは，テストと本番の2つの環境をユーザー企業に提供している。これは導入準備期間だけではなく，本番稼働後も継続して提供されている仕組みである。またテスト環境のことを品質保証環境（QA環境：Quality Assurance）と呼ぶ場合もある。これは本番環境に移行する前に品質が保証されているかどうかを確認するための環境という意味である。**開発しないシステム**の場合には，この検証を効率的に行えるのは言うまでもない。

　クラウドサービスの利用企業は，すべて同じタイミングでバージョンアップが実行されるため，利用企業の事情にかかわらず，全ユーザーが同じバージョンのソフトウェアを利用することとなっている。したがって，クラウドベンダーは事前に標準機能のバージョンアップに対するテストを入念に実施する。そのため，追加開発なしで標準機能を利用している場合，すべての標準機能の

テストがすでにクラウドベンダーにて実施済みであるため，改めて利用企業で
テストを実施する必要はないともいえる。

　特にバージョンアップ前に利用したい標準業務シナリオを追加する場合は，
事前にベンダーが運用するサービスセンターに利用企業が申請することにより，
テスト環境に標準業務シナリオが追加され自動テストが実行される。このこと
により，新しく追加した標準業務シナリオを速やかに本番環境に移行すること
が可能となる。

　もちろん，自動テストでは信用できないと感じる利用企業のユーザーもいる
ため，ユーザー自らテストを実行できる期間も設けている。その期間はクラウ
ドベンダーによって異なるが，おおよそ2週間前後で設定されている。その2
週間にテスト環境でテストを実行し正常な動作を確認した後，本番環境に移行
することとなる。

（2）パッケージベンダーのサポートを使いこなす

　開発しないシステムによりシステムの導入を行うと，企業独自の業務プロセ
スや追加開発が極小化されるため，障害やトラブルが発生したとしてもパッ
ケージベンダーが提供するサポートで事足りる可能性が高い。つまり，パッ
ケージが提供する機能だけを利用する場合，トラブルが発生してもパッケージ
ベンダーで対応可能となる。

　もし，企業独自のロジックや業務プロセスが追加開発されていると，トラブ
ルが発生した場合，パッケージベンダーではどこに不具合があるのかわからな
いため，パッケージソフトのサポート要員だけでは対応できないこととなる。
通常，トラブルが発生すると，それがパッケージソフトの標準機能に原因があ
るのか追加開発に原因があるのか，切り分けを行う必要がある。その切り分け
自体はパッケージベンダーではできないため，追加開発に関わった導入ベン
ダーや利用企業の情報システム部員が担当することとなる。そうなると，保
守・運用の要員を常時配置しておく必要が生じ，社内人件費や導入ベンダーへ

の保守・運用要員費用を負担することとなってしまう。

　こうなると，基幹システムの業務領域ごとに保守・運用要員を抱えておく必要があり，購買，生産，販売，在庫，会計の各業務領域をカバーするパッケージソフトのモジュールごとに保守・運用要員を配置することになるため，保守・運用費用が膨らむ要因となってくる。

　昨今のクラウドサービスでは，そのパッケージベンダーが本番稼働後に発生したトラブルのサポート要員として，導入プロジェクト期間中にセットアップや導入作業に携わったメンバーをそのまま配置するサービスを行っている。

　導入プロジェクト期間中のメンバーを引き続きサポートメンバーとして配置することが可能なのは，追加開発を排除してパッケージソフトの標準機能を最大限利用することが前提となって導入プロジェクトが進められてきたからである。その場合，パッケージベンダーのサポート要員が直接，利用企業のユーザーとやりとりを行うことで導入作業を進めてきたからできる。

　言うまでもなく，パッケージを所有型からクラウド型へシフトすることによるTCOの削減とコストの見える化や実現できることもメリットの1つとして挙げることができる。TCOの削減はハードウェアを所有しないことによる情報システム部門の運用負担の軽減を実現し，コストの見える化は様々なコスト

【追加開発と保守・運用体制】

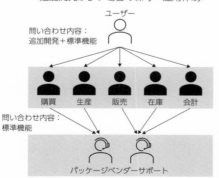
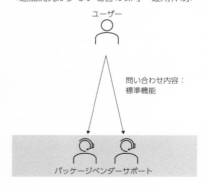

が月額利用料金という形で実現されるからである。

　また，クラウドベンダーではパッケージだけでなく，次のような様々なサポートメニューを提供している。**これらのサービスは追加開発を多用している利用企業にとっては，そのメリットを享受できない場合が多いので注意が必要**である。

①　新機能のアドバイス

　毎回バージョンアップ時にリリースされる新機能が，利用企業のビジネスにどのように役立つかのアドバイスを行うサービスである。利用企業を担当するサポートマネージャーによって提案され，ビジネスニーズに合わせた新機能のリリースのレビューをユーザーとともに行う。バージョンアップ時に廃止される古い機能に関するサポートも行う。

②　パッケージソフト開発者への相談サービス

　利用企業を担当するサポートマネージャーを通じてパッケージソフトの開発者に対して，標準業務シナリオと標準機能を利用する際にその内容と自社との適合性に関する相談を行うことができる。要は，標準業務シナリオの適用に関するガイダンスが受けられるサービスである。

③　パッケージベンダーが提供しているe-ラーニングへの無償アクセス

　サポート管理者向けのe-ラーニングが最大数名，無償で受講できるサービスである。利用企業のニーズに合わせたオンライン学習の教材が提供され，またデモ環境を利用した実践演習とサポート認定資格を取得する試験も受検できる。

④　継続的な品質チェック

　定期的に利用企業の本番稼働環境の分析を行い，あらゆるリスクを事前に軽減してパフォーマンスを向上させるための推奨事項を利用企業に提供するサービスである。また，新しい技術の採用やインシデントの傾向の情報を提供する

ことにより，利用企業における管理者のスキルアップを行うことができる。

⑤　コミュニティの提供

　パッケージソフトの専門家による情報や，標準業務シナリオ，および数百ものWebセミナーにアクセスできる利用企業にとって容易にコラボレーション可能なプラットフォーム・サービスである。

＊　　＊　　＊

　このように，追加開発を極力なくし，できるだけ標準機能を利用することによりパッケージベンダーが提供する標準サポートメニューを使い尽くすことができる。それによって，利用企業も基幹システムの管理に時間を使うのではなく，顧客に使う時間を増やせることで，限られた経営資源を有効に活用することができるのではないだろうか。

5　コスト構造の変化

（1）導入期間の短縮化

①　従来型のシステム導入

　従来型のシステムの導入プロジェクトの進め方は，「要件定義」「設計・開発」「テスト」「移行」「教育」という工程を順番に実施する方法で，前に実施した工程に戻らないことを水が滝から落ちることにたとえて，ウォーターフォール型であるとこれまで述べてきた。

　この進め方においては，後の工程ですでに実施した工程に手戻りしないよう「要件定義」を非常に重んじる。また，後続工程で「言った」「言わない」の揉めごとを防止するため，要件は文書にまとめ，その文書を確認，承認すること

とするので，それに大変な労力を要する。

　システム構築はプログラミングがメインのように見えるが，実は，この**文書作りと文書確認に多大な時間とコスト**をかけている。要件定義書の作成後は，設計書を作り，開発へと進めていく。要件定義のコストは全体の2～3割をかけるのが一般的で，金額的にもバカにならない。

②　開発しないシステム

　一方，開発しないシステムの導入は，従来のようなウォーターフォール型ではなく，実機を調整しつつ要件を固めていく方法を採用する。

　ユーザーが要求のイメージを出せば，それに対しての実現方法を実機で検証しながら設定作業を行う。そこでユーザー要求が満たされることが確認できれば，**要件を確認するどころか完成に近い状態**になる。

　つまり，従来型では要件定義で膨大な文書を作成し，それでいて，その文書が設計・開発のスタートであることに対して，パッケージ型では漠然とした要求から実機検証を行って要求が満たされることが確認できれば設定が終了した工程まで進むことになる。従来型で「設計・開発」にどれぐらいの期間を要するかはケースバイケースであるが，たいていの場合，5割以上を占めるので，パッケージ型になれば，5割以上の期間を短縮できるといっても過言ではない。

（2）本番稼働コスト（所有型）

　開発しないシステムの導入コストは，主に次のコスト要素で構成される。

---

①　パッケージの**ライセンス費用**（本番稼働後は保守料が発生する）
②　導入費用（要件定義，テスト，教育，プロジェクト管理費用など）
③　追加開発費用（設計，開発）
④　ハードウェアなどのインフラ費用

これらの費用の妥当性を検証するため，①のパッケージソフトのライセンス料を1とすると，筆者の経験値より②③④の費用は次の推奨比率となる。

```
②　導入費用　　　2～2.5倍
③　追加開発費用　0.3～0.5倍
④　インフラ費用　0.8～1.5倍
```

　これらを考慮すると，**本番稼働までの導入費用は，ライセンス費用の4倍程度までなら妥当といえる。**
　コストは安いに越したことはないと思われるが，**安かろう・悪かろう**，ということもあるので，これらの費用が推奨比率を下回る場合のリスクを述べる。

```
②　導入費用：導入ベンダーから十分なサポートを受けられない
④　インフラ費用：パフォーマンスや障害やBCP対策に懸念が生じる
　（③追加開発費用については，少なすぎることによる問題は発生しない）
```

　逆に，推奨比率より高い場合は，次のリスクが生じる。

```
②　導入費用：ベンダーのスキル不足や丸投げによるユーザーの主体性欠如
③　追加開発費用：パッケージの選定やシステム化対象範囲を誤ってしまって
　いることや，導入ベンダーのスキル不足，プロジェクト内のコミュニケーショ
　ン不足，組織構造や各種コード体系の設計ミス，インターフェイスの過多，
　と様々なリスクが挙げられる。また，追加開発が多いこと自体が後続のテス
　ト工程や教育にも影響を及ぼすため，推奨比率より高い場合は要注意である
④　インフラ費用：インフラ費用が推奨値より高い場合は，システム構成がオー
　バースペックになっている可能性がある
```

（3）本番稼働コスト（クラウド型）

　次に，開発しないシステムをクラウド型で導入する場合のコストを説明する。

　クラウド型の場合は，いわゆる**利用料（サブスクリプション料）**という課金制が多く，ハードウェアなどのインフラ費用はその利用料に含まれる。そのため，システム導入に関するコストは，主に次の3つのコスト要素となる。

---

①　パッケージの利用料

②　導入費用

③　追加開発費用

　ハードウェアの購入費用や運用・保守に関わる社内人件費や外注費用は発生せず，その分はパッケージの利用料に含まれる。

　所有型（オンプレミス型）の場合の導入費用は，ライセンス料の2〜2.5倍程度が妥当であるとしたが，パッケージを利用する場合のコストの5年総額が，パッケージのライセンス料（A）＋保守料5年分（B）＋インフラ費（C）＋インフラの保守料5年分（D）とほぼ同額となると見込まれるので，この試算を元とすると，クラウド型の導入費用は，**サブスクリプション料年額の3倍程度（※）との試算**になる。

※試算の仮定

（B）ライセンスの保守料年額：ライセンス料の20%

　　　ライセンスの保守料5年総額はXとなる

（C）インフラ費用＝ライセンス料と同額（0.8〜1.5倍）とする

（D）インフラの保守料年額：インフラ費用の10%

　　　インフラの保守料5年総額も0.5Xとなる

（A）＋（B）＋（C）＋（D）＝ライセンス料の3.5倍

こうして，サブスクリプション料の５年総額は，所有型ライセンス料の3.5倍になり，サブスク料年額は，所有型ライセンス料と比較すると0.75倍となり，クラウド型の導入費用はサブスク料の３倍程度と試算した。おそらく，何らかの開発を追加してしまえば，導入費用はサブスク料の３倍程度では収まらない。また，導入費用だけでなく，メンテナンス時にも追加費用が発生する。その意味からも，導入費用がサブスク料の３倍程度までで収まることを，**開発しないシステム**といい切れる目安としておきたい。

（４）本番稼働コスト（所有型とクラウド型との違い）

　所有型とクラウド型のコストの違いを説明しようとするとき，資産を購入するかリースにするかの違いにたとえると理解しやすい。

　クラウド型（リースに相当）は，多くの費用が利用料金に含まれ，５年や７年といった資産を償却し終わるまで使い続ける前提で計算すると，表面的な計算はクラウド型のほうが高くなるケースが多いと思われる。

　ただし，所有型とクラウド型の比較検討をする際は，表面的な投資金額だけでなく，次の要素を盛り込んでおくことが肝要である。

・本番稼働までの準備期間の長短
・環境変化（データ容量，ユーザー数）への対応の柔軟性
・運用・保守要員の必要性
・新たな機能の追加
・資産管理の有無

　また，追加開発費用については所有型とクラウド型とは同じように費用項目として挙げたが，クラウド型のほうが標準機能を利用していくやり方を推進しやすい。これは，自社でシステムを所有すると自分たちのものだからとアドオンが起こりやすいが，クラウド型の場合の所有者はベンダーであるからアドオンをしづらいためである。

SAPジャパン
【特別寄稿】

　本書は"開発しないシステム"をテーマに，いわば，パッケージソフトやクラウドサービスをいかに効果的に導入していくかを述べたものである。
　そのパッケージソフトやクラウドサービスの代名詞ともいえる世界最大手のSAPジャパンの担当者より寄稿文を頂戴したので最後に紹介させていただく。

1 　はじめに

　企業が実現したい業務のシステム化は，バブル経済期頃までは開発基盤を
ベースに業務を各社で1つひとつ作り上げていくスクラッチ開発方式により，
高額なコストをかけて実現されてきた。

　1990年代後半以降，ERPが普及し始めてきたわけだが，当初，国内における
ERP導入は提供される機能の活用が浅いケースもあり，多くの企業で追加アド
オン開発を行ってきた。しかしながら，近年はERPパッケージの進化とともに，
ERPパッケージの標準機能をそのまま活用する例が増えてきている。

　今回は，その代表的なパッケージベンダーであるドイツ企業のSAP SEを例
に挙げて説明させていただく。SAP SE（以下，「SAP」という）の日本法人
であるSAPジャパンは1992年に設立され，国内においても最大手の業務パッ
ケージベンダーである。SAPでは，様々な業務パッケージ製品を提供しており，
その代表的なERP製品がSAP S/4HANA®である。

（1）SAP S/4HANAの紹介

①　SAP S/4HANAの誕生

　SAP S/4HANAは，20年以上にわたって同社の主力製品であったSAP ERP
（SAP R/3）の後継製品として2015年に発表された。同社にとっての第4世代
ERPである。一部の企業だけに限定的に提供された第1世代のSystem R，第
2世代の汎用機向けオープンシステムのSAP R/2，第3世代ERPであるSAP
R/3はクライアントサーバに対応し，その後20年以上の長きにわたって機能の
拡張が続けられてきた（パッケージソリューション領域の広がりに伴い，名称
はSAP ERPあるいはSAP ECC=ERP Central Componentに変更されたが，技
術面ではSAP R/3を踏襲している）。

第4世代ERPとしてのSAP S/4HANAは，何が変わったのだろうか？　名称に「HANA」とついているとおり，これは先立ってリリースされた同社のSAP HANA®という高速データベースの開発コンセプトに起因している。そのコンセプトをひと言でいえば，「ビジネスデータのリアルタイム活用」といえよう。ここでは技術的な詳細は割愛するが，受注や入出荷，製造，会計仕訳といったビジネストランザクションを「処理する」ことを目的に開発された過去のERPから，その中に蓄積されたデータを「活用する」ことを目的としてデータを活用しやすい構造に変更した，というのがSAP S/4HANAの最大の変更点である。

②　SAP S/4HANAのリリース当初のポイント

SAP S/4HANAのリリース当初は，次のようなデータ活用の主要ポイントがあった。

> （ⅰ）ERP内の様々なデータを1画面に集約し，ビジネスの全体像を把握しながら業務を行っていくためのロール別あるいは処理別「概要画面」
> （ⅱ）データの集計や視覚化，スライス＆ダイス（集計軸の変更）やドリルダウンといったビジネスインテリジェンス分析
> （ⅲ）組込インテリジェンスと呼ばれる，トランザクション処理画面での上記分析レポートの画面内表示

これまでの「入力・処理画面」「帳票」をメインユーザーインターフェイスとする業務システムから，デジタル化された情報を活用して，様々なビジネス判断，処理を行うシステムに変えていく，ということである。

上記（ⅰ）の「概要画面」はダッシュボードとも呼ばれる。車の運転で考えてみよう。昔の車のダッシュボードはスピードメータ，タコメータ，燃料計，水温計，距離計程度で構成され非常にシンプルなものであった。これらの限られた情報を基に，ドライバーは経験と勘を駆使して，最適なドライビングをするわけだ。「最適」といっても様々である。燃費を気にする人もいれば，ス

ピードを求める人もいる。

③　ダッシュボードの変化

　今のダッシュボードはどうだろう。私が乗っている車では，累積／現在燃費やアクセルの踏み具合による燃料供給量，ドアロックの状態……ここには書き切れないほどの様々な情報が表示される。燃費を気にして運転する際は，ダッシュボードの表示を見ながらアクセルを踏めばよい。リアルタイムの情報がダッシュボードに表示されることで，スピードと燃費の最適バランスを保ちつつ車を運転することができる。

　ビジネスの制御は車の運転よりはるかに複雑である。その運転には車のダッシュボード以上の情報が必要なはずである。「概要画面」の重要性とそのインパクトは想像に難くない。経験と勘で運転していては，現在の私の車の燃費を達成することはまず無理であろう。

　ERPの話が車の運転に脱線してしまったが，現在の自動車業界の主要トピックの1つに「自動運転」があり，すでに実用化は目の前に迫っている状況だ。これまでの章でも紹介しているとおり，ERPの世界でも「自動運転」に匹敵する新しい「データ活用」テクノロジが広がっている。SAP S/4HANAでは，インテリジェント・エンタープライズというコンセプトに基づき，2017年から機械学習や予測分析，AIといった新しいテクノロジを用いて，処理の自動化やビジネス予測等のシナリオとしてERPに組み込む取組みを続けている。ここでもSAP S/4HANAのデータ構造のシンプル化が大きく寄与している。

　大量生産・大量消費の時代には，スピードメータだけを見て効率を追求すれば，経験と勘を用いて車もビジネスもうまく運転できたのかもしれない。しかし，消費者志向が定着し，ビジネス環境の変化もスピードも大きく変わった現代では，様々なデータや最新テクノロジーを「活用」して運転することが勝者となる上で必須なことは明らかである。

（2）クラウドサービスへのシフト

　第4世代ERPとして，「データ活用」面で現在も進化し続けるSAP S/4HANAを提供する上で，SAP SE社ではソフトウェアの提供形態をクラウドサービスに大きくシフトさせていく，と表明している。

　その理由の1つは，現在の世の中の動向がクラウドサービスに向かっているためであることは間違いない。アメリカで始まった「所有から利用へ」「投資から費用へ」というクラウドファーストの流れは，いまや世界中で主流となりつつあり，またその対象業務領域についても，もはや基幹システムであっても例外ではない。

　もう1つのクラウド提供のメリットとして，SAPでは前述した進化する「データ活用」のイノベーションを継続的に自社のビジネスに取り込んでいくこと，すなわち，ERP価値の早期最大活用を挙げている。次から次へと生み出される新しい「データ活用」アイデアのうち，自社にとって有用なものを即座に活用できるのがクラウドサービス，ということだ。

（3）開発しないシステムのポイント

　ここで本書の本題である「開発しないシステム」の重要性がポイントになる。システムが伝票の登録画面とそのレポーティングを中心とする「オペレーショナルシステム」であれば，業務効率を追求してアドオンやモディフィケーションによってこれを独自仕様の使いやすいものに変えるのは悪い話ではない。

　しかし，システムが「データ活用」を主眼とした包括的，再帰的なソリューションとなっている現在では，データの発生を独自仕様にするとその活用まですべて独自仕様対応が必要になるリスクが非常に高い。

　機械学習のようなビッグデータ活用テクノロジーで望む効果を得るには，「データは多いほうがよい」のは自明の理であるが，それ以上に「よいデータ

241

が必要」といわれる。「よいデータ」とは適切な構造化，発生源やタイミング等が揃っていることを指す。すなわち，データ活用の効果を最大にするには，データ構造とあわせてそのデータのライフサイクルを決めるビジネスプロセスまでが目的に沿って制御されていることが最適，ということである。

標準プロセス，標準機能を使用していれば，データの構造やその発生タイミング，ライフサイクルは標準ソフトウェアで想定されたものになっている。だからこそ，標準機能を前提に新規開発された「データ活用」機能が素早く活用できる，という好循環を生むわけだ。

2 ERPは「作る」ではなく「使う」もの！

（1）「作る」と「使う」の違い

① SAPベストプラクティスの活用

SAP S/4HANAは，「様々な業界」「様々な業務領域」「深い業務要件」に対し，標準機能で幅広く奥深く実現が可能なことが特徴である。SAPは多くの業界，業種で幅広い業務領域で活用されているため，豊富な業務ノウハウを持っており，そのノウハウをSAPベストプラクティスとして業務テンプレート化して提供している。それをSAP顧客は享受できることが大きな利点である。

SAPプロジェクトでは，SAPベストプラクティス（業務テンプレート）を参考モデルとして活用し，要件に応じて追加，変更をSAP標準機能としてパラメータ設定が可能であり，そのパラメータ設定は無数に存在する。企業の独自業務は，豊富なパラメータ設定を組み合わせて使うことで，複雑な業務要件の実現性が高いのも特徴である。

② スクラッチ開発との違い

　一般的にスクラッチ開発では，業務要件に対して都度プログラム開発を行い実現するわけだが，他のERPパッケージ製品においても，標準機能で行える設定領域の幅が少ないと，結果的に追加プログラム開発を行う確率が高まりやすい。

　追加プログラム開発が多くなると，稼働後に必要な継続開発，維持運用，バージョンアップ等において自社および開発ベンダーに依頼して対応する領域が多くなり，結果的に本来のパッケージとしての意味が薄れてしまい，コストも増加傾向になりやすい。

　このような「作る」領域が少なくなり，「使う」領域を増やすことで，中長期的な観点で自社負担を軽減することが可能になる。

（2）「使う」を使いこなす

　SAP導入プロジェクトでは，様々な業界，業務に向けた豊富なSAPベストプラクティス（業務テンプレート）からプロセスを選択し，そのまま新業務プロセスとして活用されることも多い。効率的な新業務プロセスを検討したい企業は，自社単独で新業務プロセスを検討することはノウハウがないと困難なため，コンサルティング会社に依頼することもあるが，長い期間と高額なコストがかかってしまうケースもある。しかしながら，SAPベストプラクティスは，すでに多くの企業が活用してブラッシュアップされており，SAP顧客は新業務プロセスを机上で検討するのではなく，実際の業務イメージをシステム上で確認しながらアジャイル型プロジェクトで効率的に進めている企業も多い。

（3）SAPのERP導入方法論

　SAPでは，SAP S/4HANAのリリースとあわせて，SAPのERP導入方法論

についてもSAP Activateとして刷新された。特にSaaS版のSAP S/4HANA Cloud®においては，導入プロジェクトはこの新しい導入方法論に準拠して進めていくことが求められる。その進め方は，まさにこれまで触れてきた「開発しないシステム」の構築手法そのものだ。

　実際にどのように導入プロジェクトを進めていくのか，もう少し具体的に掘り下げてみよう。従来のプロジェクトでいう「システム化計画」「要件定義」は，ゼロからTo-Beの要件を決めていくのではなく，SAPが提供する「ベストプラクティス」から導入対象のものを選択していく，という進め方をする。この「SAPベストプラクティス」はなんと450ほどのScope Itemと呼ばれるビジネスシナリオ群から成っており，会計，購買，販売，在庫，生産，物流といったERPの業務領域を広くカバーしている。この450のシナリオから自社が導入スコープとするものを「選択」していくのだ。「要件定義」というよりは「要件選択」といったほうが適しているかもしれない。パッケージの設計思想のもととなったシナリオから選ぶので，要件実現のために大きなアドオンが必要になる，といったリスクも回避できる。この「要件選択」はスコーピングと呼ばれ，通常サービス選定段階でいったん決めていることが多い。

　実際のプロジェクトが始まると，導入対象として選択した各シナリオについて，その詳細を検証していくことになる。ここでは，先に述べたプロトタイプシステムを用いたCRP（Conference Room Pilot）の形式で，ビジネスユーザーが実際に稼働するシステムを操作しながら，自社業務で使う上での問題点を確認していく。

（4）サンプルデータを登録したシステム（Starter System）の提供

　SAP S/4HANA Cloudでは，このCRPに利用するプロトタイプシステムとして，SAPが用意したサンプルデータを登録したシステム（Starter System）を提供している。あわせて各Scope Itemには「テストシナリオ」と呼ばれる，必要なユーザー権限やシステムの操作手順を示したガイドが提供されている。

つまり，Starter Systemがあれば，導入対象として選択したScope Itemを（各種設定やテストデータ等の面倒な準備なく）すぐに実際のシステムで動かして，プロトタイプシステムとしてその挙動を確認することができる仕掛けとなっている。

このStarter SystemはSAP S/4HANA Cloudを契約した後1〜2週間以内に提供される。サービス契約後，キックオフを行った直後にCRPを実施する，というスケジュールでプロジェクトを進めていくことができるわけだ。これまでのERP導入プロジェクトでは，ビジネスユーザーが新システムの挙動を実際のプロトタイプシステムで確認するまでに，最低でも数カ月の準備期間が必要であった。サーバの調達，インストールや初期セットアップ，テスト用のマスタデータ登録といった作業にどうしても時間がかかってしまうためである。この間に業務フロー上で新システムの姿を詰めていく，というアプローチを取らざるを得ず，必然的に現行システムの「改良版」新システム要件を生み出し，これを実現するためのアドオン開発の山，という悪循環を引き起こしていたと思うがいかがであろうか？　キックオフ直後にCRPによって標準機能に沿った新プロセス要件を詰めていくことで，「開発しないシステム」で業務を回すことが現実味を帯びてくるだろう。

（5）プロトタイプによる要件最終化

このプロトタイプによる要件最終化は，もちろんスコープ範囲の大小によって異なるが，通常4〜6週間程度で行われる。複数ラウンドにおいて繰り返しCRPを実施することによりその精度を上げることも多い。ここでシステム要件の最終化を行い，この後は実装，テスト，データ移行といったフェーズが行われるのはこれまでのシステム導入プロジェクトと同様である。他システムインターフェイス等の避けて通れない開発作業も必要となる。

これらのフェーズでも可能な限り効率的に各タスクを進められるよう，各種の開発支援ツールや自動化テストツール，データ移行ツールが提供されている。

テストツールについては，あわせて標準シナリオに基づく標準テストシナリオ（システム操作のスクリプト）がSAPから提供される。SAP標準シナリオに完全準拠していれば，後は自社仕様のテストデータだけ準備，設定すれば自動化テストツールでのプロセステストが実施可能になる，ということだ。

　これらのツールを活用した効率化ももちろん効果的であるが，何よりもCRPによる高品質な「要件定義」により，これら後続フェーズでの手戻りの発生を防ぐ，という点が効率化には一番効果的だろう。不十分な要件定義が原因で発生する仕様変更ほど，プロジェクトにとって問題となるものはない。

（6）できるだけ早いビジネス効果の享受

　SAPはこの新しい導入方法論を開発した目的として，「Time to Value」の早期化を挙げている。新システムを早く本番稼働させることで，できるだけ早くビジネス効果を享受し，投資回収までの期間を短くする，ということだ。まさにクラウドサービスや，本書が勧める「開発しないシステム」が目指す方向と重なっている。

　もちろんプロジェクトによりその期間は異なるが，CRPによる「要件定義」，パラメータの設定やインターフェイス開発を行う「実装」，システムテストやユーザー受入テストを行う「テスト」，これに「データ移行」の主要4フェーズをそれぞれ4～6週間程度で実施し，これにキックオフや各フェーズの事前準備と文書化等の後処理を加えて24週，つまり半年程度でシステムを本番稼働させる，というのがSAP S/4HANA Cloud導入プロジェクトの主流となっている。

（7）業務の標準化と差別化

　ERP導入において，自社の業務を「標準化が可能な業務」と「他社とは異なる独自ビジネスとして差別化」の領域に分けて判断を行うことがある。

　SAPベストプラクティス（業務テンプレート）は，同業他社などで活用されている業務ノウハウをベースにしているため，「標準化が可能な業務」領域であればSAPベストプラクティスを適用しやすい。「他社とは異なる独自ビジネスとして差別化」領域は自社独自の業務のためカバーされていないケースもある。したがって，テンプレート適用が難しい場合は，SAP標準機能であるパラメータ設定の範囲で要件を実現することは可能であるが，それでも難しい場合は追加プログラム開発で業務要件を実現することになる。しかしながら，可能な限りSAPベストプラクティスをうまく適用するよう業務改善を行いながら，費用対効果のバランスを配慮してプロジェクトを進めると，導入プロジェクト，その後の維持運用，バージョンアップに対するコストが軽減できる。

3　中堅・中小企業におけるSAP導入

　近年，上記のような考え方が定着したこともあり，中堅・中小企業におけるSAP導入が急速に増えている。特に中堅・中小企業では各業務領域における業務プロセスの整理をしてみると，「他社とは異なる独自ビジネスとして差別化」と考えていた内容が「標準化が可能な業務」であるケースも結果的に多い。したがって，まずはSAPのように業務に精通しているパッケージベンダーにご相談いただくことを推奨する。

（1）デジタル化への対応

　SAP S/4HANAは，ビジネスおよび業務のデジタル化に対する効果を高めるデジタルの基盤になる。例えば，デジタル基盤のSAP S/4HANAは，建物でいうと新築マンションと，そこに備わっている生活に必要な基本的な機能みたいなものである。一方でデジタル化は，音声認識で部屋の電気製品をオンオフするような生活利便性を追求する機能ととらえるとわかりやすい。

もちろん，古い建物の中で利便性（デジタル化）の追求をするのも1つだが，老朽化により建物の建替えが必要な際には，せっかく追求した利便性（デジタル化の部分）も再構築（大きなシステム改修）が発生することは容易に想定できる。しかしながら，新築マンションであれば，近年の技術革新でたとえると，高強度100年コンクリート（大規模な修繕工事をしなくても100年程度はもつとされるコンクリート）のような仕組みと同じで，追求した利便性を長期間にわたり活用することが可能である。

（2）アップグレードの発想転換

①　従来は課題であったアップグレード

　これまでSAPは，長年にわたり継続性を追求した仕組み（アップグレード）を提供してきた実績があり，長期的な基盤として活用できるERPといえる。

　これまでにも触れてきたとおり，このアップグレードこそ，パッケージシステムを使う上で大きな課題とされてきた部分である。アップグレードの作業そのものの実施は無論のこと，基幹システムである以上，アップグレード後もこれまで通り業務が継続できることを確認する，いわゆる稼働検証テストを行わねばならない。特に大きなアドオン開発を行っている場合，パッケージ側の変更に影響を受けることが考えられ，その検証と調整と呼ばれるアドオンの改修は，期間とコストだけでなく，プロジェクト要員の継続確保，スキル教育と様々な面で負担となり，アップグレードを避ける要因となってきた。

②　アップグレードはサービスプロバイダが実施

　本書が提唱する「開発しないシステム」はこの負担を回避して，ベンダーの提供する新機能を継続的にビジネスに活用し続けていくための1つのアプローチであることは何度も述べてきた。クラウドサービスを使えば，アップグレード作業そのものもサービスプロバイダが実施してくれるので，アップグレード

の完了までに自社で行うタスクはほとんど存在しない。しかし，それでもなお，ERPというシステムが基幹業務を担っている以上，稼働検証テストを行う必要性は避けられない。

SAP S/4HANA Cloudでは，前述した自動化テストツールを用いて，アップグレード後の稼働検証テストを自動化することができる。事前に検証用のシナリオとテストデータを用意しておき，アップグレード後の夜間にこれをスケジュール実行することで，稼働検証テストは「テスト結果の確認」から始める，という進め方だ。

③　標準シナリオを用いたテスト自動実行

さらに，SAPでは標準シナリオ準拠で使用している顧客向けに，標準シナリオを用いたテスト自動実行を行うサービスを提供している。テストデータは，顧客のテスト環境に存在するデータをそのまま活用するため，わざわざテスト用のデータを準備する必要もない。まさしく，アップグレード後の検証は「テスト結果の確認」から始めることができる。

標準プロセスの提供，自動化テストツール，その実行サービス，これら3つを組み合わせることで，顧客の負担を最大限に軽減したアップグレード手順を実現している，というわけだ。

あわせて新機能の紹介についても，ウェビナー等の紹介セッション，自分が利用している標準業務プロセスと新機能の関連性などを表示して，効率的に自社に役立つ新機能を把握できる新機能確認ツールの提供など，新機能の利用促進にも余念がない。

これらアップグレード支援ツールの提供により，SAP S/4HANA Cloudは年4回のバージョンアップを実行している。稼働検証を含む作業は2週間という期間の中で完了させる仕組みとなっている。実際の顧客では，2〜3名の要員で，1週間程度で開発部分を含む稼働検証を終えている，というから，これまででは考えられない短い期間，少ない工数でアップグレード対応が行われているということだ。

④　新機能への期待でワクワクするアップグレード

　アップグレードが「ITにとって負荷のかかる義務作業」であるうちは，塩漬けシステムから抜け出すことは容易ではない。変わらないシステムを使い続けているのでは，今のデジタル・トランスフォーメーション（DX）の流れから取り残されていくことは明らかだ。ITシステムの面から自社ビジネスの革新を促進する，という観点から，IT部門としてシステムの更新，すなわちアップグレードを「やらなければならない面倒な作業」から「新機能活用の提案機会」に変換し，IT部門からの提案によってエンドユーザーが「新機能への期待でワクワクする」ような雰囲気を作っていくことで，ビジネスサイドも巻き込んだ本格的なDXが実現されると思うがどうだろうか？　システムの刷新やツールの導入はDXの必要条件でしかない。それを使う人が，デジタル技術の活用に興味を持ち，主体的に変革に参加する，という文化を作ることがDX成功の十分条件だと考える。

4　情報システム部門の役割の変革の必要性

　「開発しないシステム」でビジネス効果を上げていくには，システムそのものの選択だけではなく，開発，運用を中心とした従来のIT部門の役割，アプローチ自体を新しい時代に合わせて変革していくことも重要である。SAPでは，デザインシンキングと呼ばれるワークショップ方法論を用いて，IT部門の新しい発想を引き出し，IT部門の「あるべき姿」を支援するワークショップなども実施している。このデザインシンキングは，想定した会社とペルソナをターゲットにして，1つのチームを4人～6人の多様性を用いたメンバー構成で複数チームがディスカッションを行い，各チームで現在のIT部門の課題を洗い出し，あるべき姿や目指す姿を定義し，そのギャップを解消するためのアイデアを議論して今後のアクションを決めていく，というワークショップで

ある。このワークショップは半日から1日程度で実施するため，これだけで自社におけるIT部門の課題がすべて解決するわけではないが，こうした活動を通じて自社のIT部門改革のきっかけを作りたい，という想いを持ってこのワークショップにご参加いただくケースが多い。

5 グループ会社の整備

　SAPでは，本社，国内外の子会社を一元管理することが可能である。グループ会社を適切に把握することはグループ企業経営にとって重要なことであるが，SAPでは1つのプラットフォームで業務を運用する事例も多い。その結果，効率的な運用によるITコスト削減にも貢献している。再度建物を例に説明すると，本社と各グループ会社が同じビル内に入居している状態でとらえるとわかりやすい。同じビル内であれば，建物の構造，基本的な設備，フロアーの間取りを把握しやすいため，日々の管理や問題に対する状況把握も行いやすく対処も早くなる。つまり，1つのプラットフォームで業務を運用することだけでもIT効率が高まるが，さらに可能な限り業務レベルでSAPベストプラクティスの活用幅が広がると，結果的に標準化が進み，業務全体がコントロールしやすく，グループ企業間を横断したタイムリーな状況把握と分析が行いやすい。

6 中小企業に展開されるSAP

　SAPは多くの業界で活用されており，その業界リーダーの企業と共同開発して様々なアプリケーションを市場に提供している（『Why Digital Matters? "なぜ"デジタルなのか』（プレジデント社，2018年）21〜56頁）というタイトルの文献がある。SAPも出資する株式会社ランドログは工事現場で建機，環境・地形・資材・スタッフといった建設生産に関わるすべてのデータ（電源のON/

OFF，回転数，位置情報といったデータ）を収集して，可視化することで効率的なオペレーションを進めているが，多くの下請け中小企業も，そのシステムを活用している。

　さらに，建設中小企業向けにLANDLOG ERPを発表した。LANDLOG ERPはSAP Business One®をベースに建設業界特有の会計機能を，中小・中堅建設企業が導入しやすい形で提供することを目指している。

　例えば，株式会社中村土木建設（愛知県東海市）では，これまで工事原価ソフトと一般会計ソフトが別々のシステムであるため，経理業務と工事現場からの実行予算の入力等による業務の連動に悩まされていたが，LANDLOG ERPを採用することで問題が解消されて労働生産性を高めることを目指している。

　SAPジャパンでは，こうした業界に精通する企業との活動を通じて，中小企業までERPをご活用いただけるように取り組んでいる。

【編著者紹介】

広川　敬祐 （ひろかわ　けいすけ）

大学3年で公認会計士試験（二次）に合格し，外資系監査法人での10年の経験を経た後，1994年にSAPジャパン株式会社に転職。退社後はコンサルタント業で独立するが，株式会社NTTデータ経営研究所で契約社員（2007年〜2012年）としても従事する。2019年に東京都立産業技術大学院大学情報アーキテクチャ専攻を修了し（情報システム学修士（専門職）），公立はこだて未来大学システム情報科学研究科博士後期課程で就学中。日本公認会計士協会東京会幹事。

【監修】

大場　みち子 （おおば　みちこ）

1982年株式会社日立製作所入社。知識工学応用システムの研究，ミドルウェアの開発，ビジネスシステムの開拓等に従事。2010年より公立はこだて未来大学教授。情報システムの構築，知的行動の記録と分析などの研究に従事している。2001年大阪大学大学院工学研究科博士後期課程修了，博士（工学）。日本学術会議会員，情報処理学会フェロー。情報処理学会，電気学会，日本ソフトウェア科学会，IEEE CS各会員。

木村　俊一 （きむら　しゅんいち）

株式会社NTTデータ経営研究所　情報戦略事業本部 アソシエイトパートナー
外資系コンサルティングファーム，国内大手シンクタンク，外資系コンピュータメーカー等を経て現職。マーケティング，CRM，営業改革，ビッグデータ活用等，フロント業務の高度化を得意とする。最近は，新たなデジタル技術を用いた新規サービスの企画，事業化推進等に注力。著書にNTTデータ経営研究所編『攻めのIT戦略』（共著，NTT出版，2015年）。

【著者】

板井　実 （いたい　みのる）

イデア・コンサルティング株式会社　SAP推進部 部長
外資系ITベンダー，コンサルティングファーム等にて多数のERP導入プロジェクトに従事する。特に製造業における統合会計システムのグローバル展開，および新興国ビジネスの強化を目指したバリューチェーンの再構築に携わる。現在は，SAPソリューションを活用したグループ経営管理の推進を支援する。

緒方　瑛利 (おがた　えり)

北海道勇払郡出身。大学卒業後，民間企業で給与計算や決算説明会の運営等の業務を経験。経済団体に転職し経営指導員として各種補助金申請の支援や労働保険事務組合業務に従事する。2019年に東京都立産業技術大学院大学を修了，社会保険労務士試験とITストラテジスト試験に合格。ITに強い社会保険労務士事務所としてロームテックを開業。東京都社会保険労務士会所属，日本ITストラテジスト協会正会員。

髙橋　昌太郎 (たかはし　しょうたろう)

株式会社NTTデータ経営研究所　ストラテジー＆トランスフォーメーションユニット　マネージャー

マーケティングリサーチ会社のセールスマネージャーを経て，2018年より現職。最先端のリサーチ手法や分析手法など，リサーチ関連の知見は多岐にわたる。専門は，マーケティングや営業，顧客サービスなど，企業におけるフロントサイドの変革。現在は，事業戦略の構想から，業務改革の実行まで，幅広いテーマ・業界のコンサルティングに携わる。

倉本　真司 (くらもと　しんじ)

株式会社T4C ソリューションサービスディビジョン エグゼクティブ・マネージャー

1997年からSAP HCMコンサルタントとして人事・給与を中心に多数のERP導入プロジェクトを経験。2002年に株式会社T4Cに転職し，現在は導入経験を活かしてSAP SuccessFactorsの人事給与／タレントマネジメントのプリセールスとして提案活動に従事する。

東　義弘 (あずま　よしひろ)

公認会計士

大手商社にて事業投資，M&A，カントリーリスク（インドネシア駐在含む）等のリスク・マネジメントに従事。その後外資系リスクコンサルティング会社にて内部統制，リスク管理高度化等支援に従事。大手会計事務所（Big4）入所後は，シニアパートナー，日本エリア・リスクアドバイザリー・リーダーとして，GRC（ガバナンス・リスク・コンプライアンス），グローバル・グループ・ガバナンス，グローバル内部監査，内部統制の整備・運用支援に従事する。日本セキュリティ監査協会理事（2018年〜2019年度）。新日本有限責任監査法人編『不正リスクへの対応実務』（中央経済社，2014年）編集・執筆責任者。

秋元　隆 (あきもと　たかし)

2008年，国内大手メーカー系のSIerに入社，ERPソリューション部に所属し，SAPやintra-martでの業務システム開発を経験後，営業部門へ移り，全国のユーザーへのERP導入提案活動に従事。2019年にSAP S/4HANA Cloud Pre Sales Consultant 認定を取得し，FitToStandardの導入メソッドを活用したクラウド型ERPを国内企業へ導入。現在は株式会社コスモルートに所属し，自社のリーガルテックサービス「リーガレッジ」のマーケティング・プロモーションの責任者として活動中。

渡辺　康雄（わたなべ　やすお）

1995年よりSAPジャパン株式会社において，ERPコンサルタント，データウェアハウスコンサルタント，SAP導入プロジェクト責任者，コンサルティング営業，中堅中小企業向けライセンス営業を経て，現在，中堅中小企業向け営業企画推進およびインサイドセールス責任者を務める。

植木　貴三（うえき　たかみつ）

株式会社リクルート在籍時にSAP R/3の日本市場展開時における人事モジュールの日本化ディベロッパーとして初めてERPシステムに関わる。その後，主要な外資系ERPおよびCRMベンダー各社において，営業，プリセールス，コンサルタントといった様々な職種を担当，現在はSAPジャパン株式会社にてSAP S/4HANA Cloudのソリューションスペシャリストとして，日本市場におけるクラウドERPの推進を目指して活動中。

上條　英樹（かみじょう　ひでき）

TDCソフト株式会社　執行役員　経営企画本部長／ビジネスイノベーション本部長
株式会社八木ビジネスコンサルタント　取締役兼務
1987年富士通株式会社入社。金融系を中心に大規模開発プロジェクトに従事。米国子会社にてプロジェクトアシュアランスを中心に体制の立て直しを推進し，自らも製造，流通，金融プロジェクトを担当。現職では，経営管理，M&Aの責任者およびDX，エンタープライズアジャイル，SAP事業を推進している。
近畿大学非常勤講師，情報システム学修士（専門職），SPC（SAFe Program Consultant），国際P2M学会，PM学会（アジャイルマネジメント研究会 副主査）。

経営のイロハをDX化する

「開発しないシステム」導入のポイント
―パッケージで，管理業務を早く・安く改善

2021年4月2日　第1版第1刷発行

編著者	広　川　敬　祐	
発行者	山　本　　　継	
発行所	㈱中　央　経　済　社	
発売元	㈱中央経済グループ パブリッシング	

〒101-0051　東京都千代田区神田神保町1-31-2
電話　03 (3293) 3371(編集代表)
03 (3293) 3381(営業代表)
https://www.chuokeizai.co.jp
印刷／三　英　印　刷　㈱
製本／侑　井　上　製　本　所

© 2021
Printed in Japan